浙江省高职院校“十四五”重点立项建设教材

新编21世纪高等职业教育精品教材　公共基础课系列

新时代高校劳动教育实务

（第二版）

主　编　劳赐铭　朱　颖　丁莹莹
副主编　周　草　董越铭

中国人民大学出版社
·北京·

图书在版编目（CIP）数据

新时代高校劳动教育实务 / 劳赐铭，朱颖，丁莹莹主编 . -- 2 版 . -- 北京：中国人民大学出版社，2025. 8. --（新编 21 世纪高等职业教育精品教材）. -- ISBN 978-7-300-33813-2

Ⅰ . G40-015

中国国家版本馆 CIP 数据核字第 2025BS5071 号

浙江省高职院校“十四五”重点立项建设教材
新编 21 世纪高等职业教育精品教材·公共基础课系列

新时代高校劳动教育实务（第二版）

主　编　劳赐铭　朱　颖　丁莹莹
副主编　周　草　董越铭
Xinshidai Gaoxiao Laodong Jiaoyu Shiwu

出版发行	中国人民大学出版社		
社　　址	北京中关村大街 31 号	**邮政编码**	100080
电　　话	010-62511242（总编室）		010-62511770（质管部）
	010-82501766（邮购部）		010-62514148（门市部）
	010-62511173（发行公司）		010-62515275（盗版举报）
网　　址	http://www.crup.com.cn		
经　　销	新华书店		
印　　刷	中煤（北京）印务有限公司	**版　　次**	2022 年 1 月第 1 版
开　　本	787 mm × 1092 mm　1/16		2025 年 8 月第 2 版
印　　张	12.25	**印　　次**	2025 年 8 月第 1 次印刷
字　　数	262 000	**定　　价**	39.00 元

前言 Preface

党的十八大以来，习近平总书记立足新时代历史方位，对劳动和劳动教育作出了一系列重要论述，为新时代全面加强和改进劳动教育提供了根本遵循。根据2020年3月中共中央、国务院发布的《关于全面加强新时代大中小学劳动教育的意见》以及2020年7月教育部印发的《大中小学劳动教育指导纲要（试行）》，我们编写了此书。

本书从高职院校学生这一群体的特点和新时代劳动教育的现实需要，以及大学生劳动指导的实际需求出发，较为系统地阐述了劳动哲学历史、劳动精神、创新性劳动、公益性劳动等，是目前为止市面上涵盖劳动教育最广的教材之一。本书具有三个特色：

一是本书是东西部协作开发教材。近年来，我们加强了与四川省商贸学校、达州职业技术学院等院校的交流协作，形成了优势互补、资源共享的教材建设新模式。

二是每一个项目除常规的“任务导引”“任务描述”“任务知识”之外，还根据实践性课程的特点设置了“任务实施”，供授课教师参考和布置作业。

三是结合习近平总书记提出的“绿水青山就是金山银山”理念，以及党的二十届三中全会因地制宜发展新质生产力的要求，编写了绿色低碳生活、现代智慧农业、数字劳动等内容，既能帮助学生养成尊重劳动的习惯，也能激发学生爱护环境的意识。

此外，在编写体例上，本书既有任务导引，又有延伸阅读，能更好地帮助学生理解相关知识，并且拓宽视野。本书图文并茂，集专业性、系统性、趣味性和实用性于一体，既可作为高等院校开设劳动教育课程的教材，也可作为劳动教育指导或研究人员的培训教材和参考书。

本书第一版作为全国“双高计划”学校公共必修课程适用教材，从2022级开始试用了4个学期，累计销售2万余册，受到了师生的好评，并于2024年获评浙江省高职院校“十四五”重点立项建设教材。2024年下半年，基于“打造人工智能通识课程体系、赋能理工农医文等各类人才培养，为各校劳动教育公共课程绘制知识图谱、能力图谱，推动从‘知识中心’到‘能力中心’转变”的新“双高”要求，我们在第一版教材的基础上对第二版教材的内容进行了取舍，增加了同类教材很少提到的劳动组织、职业病的预防、职场通用技能等内容，以及党的二十届三中全会精神等要点；在形式上，我们积极适应数字化新形态教材的趋势，不仅以二维码的形式提供拓展阅读、课后练习，还将本书做成了活页式教材，满足了劳动课偏重实践操作性的项目化教学要求。

本书由劳赐铭、朱颖、丁莹莹担任主编，周草、董越铭担任副主编。各项目的编写分工如下：项目一由劳赐铭、郑祖威编写；项目二由丁莹莹、董越铭、蒋应成编写；项目三由陆舒敏、宋艳艳编写；项目四由丁莹莹、董越铭编写；项目五由郑祖威、朱颖、丁莹莹编写；项目六由张素梅、丁莹莹编写；项目七由周草、朱颖、石少艾编写；项目八由周草、崔欢欢编写；项目九由查伟华编写。

在编写本书的过程中，我们得到了教育部职业院校文化素质教指委、浙江经贸职业技术学院党委等的专家、领导的关心和指导，以及兄弟院校的支持和帮助，同时参考和引用了部分专家、权威网站的精髓内容，在此深表谢意。

作为身在象牙塔的老师，我们总是在寒暑假才能有完整的时间撰文，并利用平时碎片化的时间进行润色。加之我们对劳动教育研究不够深入，本书难免存在疏漏之处。诚恳地希望使用本书的师生提出宝贵的意见和建议，反馈邮箱：ponyzhu@163.com，谢谢！

编者

目录 Contents

项目一　劳动哲学历史　1

任务一　马克思主义劳动观　2

任务二　人类劳动演化简史　7

项目二　劳动精神面貌：三种精神　11

任务一　劳模精神　12

任务二　劳动精神　22

任务三　工匠精神　32

项目三　和谐劳动事关你我：劳动者权益保障　39

任务一　劳动关系与劳动法　40

任务二　社会保障　52

任务三　劳动组织　58

项目四　构筑劳动者“防护网”：劳动安全与职业健康　63

任务一　关注劳动安全　64

任务二　预防职业病及工伤　73

项目五　劳动能力与未来劳动　85

任务一　创造性劳动　86

任务二　职场通用技能　95

任务三　数字劳动和未来劳动　99

项目六　生活因劳动而美好：大学生与生活劳动　109

任务一　认识生活劳动　110

任务二　生活劳动窍门　119

任务三　践行绿色低碳生活方式　128

项目七 青春因奉献而闪亮：志愿服务与勤工助学 137
任务一 志愿服务与社会实践 138
任务二 勤工助学 145
项目八 传承古韵匠心：非遗技艺 155
任务一 中华优秀传统文化 156
任务二 非遗技艺 161
项目九 探寻农耕文明：农耕文化和现代智慧农耕 173
任务一 农耕文化 174
任务二 现代智慧农耕 181
参考文献 188

项目一 劳动哲学历史

知识目标

1. 能阐述马克思主义劳动观的内涵，包括劳动在人类社会历史发展中的决定性作用，以及劳动二重观、劳动财富观、劳动实践观和劳动分工观
2. 能区别劳动从采集劳动阶段、农业和畜牧业生产阶段、工业生产阶段到数字化生产阶段的发展历程
3. 能归纳人类劳动发展历史各阶段的特征，特别是人类使用和制造工具的历史演变，以及人类社会的变革转型

技能目标

1. 能够运用马克思主义劳动观批判性地分析现实生活中的劳动现象和社会问题
2. 能够评估不同历史阶段劳动形式的变化及其对个体和社会的影响
3. 能够运用马克思主义劳动观批判身边不尊重劳动成果的现象

素质目标

1. 能够认同和践行马克思主义劳动观
2. 培养正确的劳动观念，能够在劳动中实现个人价值和社会价值的统一

任务一 马克思主义劳动观

任务导引

★ 劳动的力量：从解释世界到改变世界 ★

“哲学家们只是用不同的方式解释世界，问题在于改变世界。”[①] 这是马克思的一句名言，它深刻地揭示了哲学的使命不仅在于理论上的探讨，更在于实践中的应用。将这句话与劳动主题相结合，我们可以看到劳动不仅是人类解释世界的桥梁，更是改变世界的基石。

一、劳动：解释世界的窗口

自古以来，哲学家们一直在探讨世界的本质和人类的存在。劳动，作为人类与自然界互动的最基本形式，成为哲学家们解释世界的窗口。从古希腊的柏拉图和亚里士多德，到中国的孔子和墨子，他们都赋予劳动极高的价值。劳动不仅是人类生存的手段，而且是理解世界、认识自我的重要途径。

哲学家们通过观察和分析劳动，揭示了社会的结构、人类的本质和历史的规律。马克思在《资本论》中，通过对劳动过程的深入剖析，揭示了资本主义社会的内在矛盾和阶级斗争的实质。这些理论上的解释为人类认识世界提供了有力的工具。

二、劳动：改变世界的动力

然而，解释世界只是第一步，真正的挑战在于如何改变世界。劳动，作为人类改造自然、创造文明的重要手段，成为改变世界的动力。在历史的长河中，劳动推动了社会的发展。从农业革命到工业革命，从蒸汽机的发明到互联网的普及，每一次生产力的飞跃都离不开劳动者的辛勤付出。正是劳动者的双手，改变了世界的面貌，提升了人类的生活水平。

三、从解释到改变：劳动的使命

今天，我们将马克思的名言与劳动主题相结合，就是要认识到劳动不仅是解释世界的工具，更是改变世界的武器。以下是劳动在改变世界过程中的几个贡献：劳动创造价值，劳动者通过自己的努力，为社会创造财富，满足人类的物质和精神需要；劳动解放人类，随着生产力的提高，劳动者从繁重的体力劳动中解放出来，有

---

① 马克思，恩格斯．马克思恩格斯选集：第 1 卷 [M]. 3 版．北京：人民出版社，2012：136.

更多的时间和精力去追求自我实现；劳动促进公平，通过劳动，人类可以实现资源的合理分配，缩小贫富差距，促进社会公平正义。

“哲学家们只是用不同的方式解释世界，问题在于改变世界。”这句话提醒我们，劳动不仅是理解世界的钥匙，而且是改变世界的杠杆。让我们以实际行动，尊重劳动，发扬劳动精神，为实现人类更加美好的未来而努力。

任务描述

劳动是人类生存的基石，是人自身发展的决定性要素，也是贯穿马克思主义哲学的一个核心概念。马克思认为，“人的本质不是单个人所固有的抽象物，在其现实性上，它是一切社会关系的总和”[①]。全部人的活动迄今为止都是劳动，整个所谓世界历史不外是人通过人的劳动而诞生的过程，人正是通过劳动这种有意识的生命活动创造了社会的全部物质财富和精神财富。劳动创造了人本身，也是人同其他动物的最终的本质性区别。

马克思主义劳动观的诞生，是人类劳动学说史上的一座里程碑。马克思主义劳动观第一次全面阐述了劳动在人类社会发展史上的决定性作用，由此揭示了人类社会发展的一般规律。马克思主义劳动观不仅在人类劳动学说史上具有重要的理论价值和历史地位，而且对新时代坚持和发展中国特色社会主义、实现中华民族伟大复兴的中国梦具有十分重要的意义。

本任务的具体要求是认识和理解马克思主义劳动观的内涵、价值和意义。

任务知识

劳动不仅是人类生存的物质基础，还是人类自我实现和自我发展的手段。劳动使人类能够改造自然、满足生存需要，而且促进了人类社会关系的形成和发展。对劳动的认识决定了一个人的劳动价值观，进而影响这个人在社会中的价值取向和劳动行为。劳动价值观是世界观、人生观和价值观的核心组成部分，是人们在实现个人愿望、满足自身需要时对劳动价值的定位和根本看法。劳动价值观直接决定着劳动者的价值判断与选择，这包括对劳动价值的认识，对劳动的情感态度与价值取向，以及对个人劳动与社会劳动之间价值关系的理解等方面。因此，准确而全面地认识劳动，是培养劳动价值观的前提。

一、劳动二重观

生产劳动是一个物化的过程，而任何生产都是个人的物化。物化的劳动具有双重内涵。

第一重含义是指，在特定社会关系和制度下的生产劳动可能并不是劳动者所渴

① 马克思，恩格斯．马克思恩格斯选集：第1卷[M]．3版．北京：人民出版社，2012：135.

望的自觉、自愿、自由的活动，而是劳动者为了谋生不得不从事的活动，从而带来了一系列的消极后果。马克思在其著名的《1844年经济学哲学手稿》中提出了劳动异化的观点，他指出："劳动为富人生产了奇迹般的东西，但是为工人生产了赤贫。劳动生产了宫殿，但是给工人生产了棚舍。劳动生产了美，但是使工人变成畸形。劳动用机器代替了手工劳动，但是使一部分工人回到野蛮的劳动，并使另一部分工人变成机器。劳动生产了智慧，但是给工人生产了愚钝和痴呆。"①

第二重含义是指，对于人类社会来讲，劳动是必不可缺的，即没有劳动，人类社会就无法正常运转。一方面，劳动创造了人类社会丰富的物质财富，是人类社会存在和发展的重要基础。另一方面，为了创造历史，人类必须维持生活。为了生活，人类必须通过劳动来满足衣食住行等基本生存需要。劳动不应该是外在于人的东西，而是人的智慧能力和本质力量的重要体现。在自觉、自愿、自由的劳动中，人不仅能肯定自己，感到幸福，还能自由发挥自己的体力和智力。

二、劳动财富观

资产阶级古典政治经济学家亚当·斯密提出了系统的劳动创造财富的理论。然而，由于古典政治经济学家的阶级局限性，这种劳动创造财富的理论是为资本主义生产方式的合理合法性进行辩护的需要。虽然该理论承认劳动创造财富，但却不承认劳动者取得自己的劳动所创造出的财富。马克思从哲学层面和经济学层面对这种理论进行了批判式继承，他认为，在资本主义私有制社会，劳动是财富的创造者，但这种劳动不是人的自由自觉的活动，而是一种异化了的劳动。在异化的劳动中，劳动者的价值和尊严没有得到尊重。"工人生产的财富越多，他的产品的力量和数量越大，他就越贫穷。工人创造的商品越多，他就越变成廉价的商品。物的世界的增值同人的世界的贬值成正比。"② 他认为劳动的本质是自觉、自愿、自由的，但在资本主义制度下，劳动变成了工人的牺牲和对工人的折磨。

马克思从哲学和经济学的角度创造出科学的劳动财富理论，揭示出具体的劳动是使用价值的源泉，抽象的劳动是价值的源泉，从本源上解决了什么是劳动创造财富的问题。在现阶段，结合我国的经济实际，我们必须尊重劳动、尊重劳动者，尊重和保护所有有利于人民的、有利于社会发展的合法劳动，不管它是脑力劳动还是体力劳动、复杂劳动还是简单劳动，都是光荣的。确立这一思想，对促进我国经济可持续发展和维护社会和谐，具有积极意义。

三、劳动实践观

马克思在《关于费尔巴哈的提纲》中指出："全部社会生活在本质上是实践的。凡是把理论引向神秘主义的神秘东西，都能在人的实践中以及对这种实践的理解中

---

① 马克思，恩格斯．马克思恩格斯全集：第3卷[M]. 2版．北京：人民出版社，2002：269-270.

② 同①267.

得到合理的解决。”[①] 在马克思看来，生产劳动是实践活动的基础，人类第一个历史活动就是生产满足这些需要的资料，即生产物质生活本身。人类的生存和发展首先建立在生产劳动的基础之上。马克思把生产劳动作为实践的首要内容，把其他人类行动置于生产劳动的基础之上，把生产劳动的生产性看成整个实践活动的普遍属性，从而赋予了生产劳动前所未有的价值地位。

在马克思主义的理论视角中，劳动被提升到了实践的地位，实践被赋予了劳动的具体内容。一方面，人是在实践活动以及实践所展开的历史发展进程中逐步获得自己的完整的意义的；另一方面，人的实践活动实现着社会和历史的根本性变革，只有通过不断的实践，人类才得以在从农业社会到工业社会、从工业社会到信息社会的历史进程中，不断地实现着自身生存方式的变革。概而言之，马克思认为，只有通过劳动实践，人类才能认识自我、发展自我，以及认识并变革社会。

四、劳动分工观

马克思指出：“劳动的组织和划分视其所拥有的工具而各有不同。手推磨所决定的分工不同于蒸汽磨所决定的分工。”[②] 从这个意义上说，按照劳动分工形成的过程和不同性质，我们可以把劳动分工划分成“自然分工”和“社会分工”。前者指的是在人类社会形成初期，因人和人之间的性别和体力差别而自然形成的分工形式；后者指的是随着社会生产力的不断提高以及社会经济部门的完善，让劳动者从事不同的生产劳动的分工形式。

马克思主义认为，劳动的分工具有历史性，人类要想进行劳动，要想提高劳动效率，分工是必然的选择。劳动分工的具体形态是随着生产力的发展而不断变化的。恩格斯甚至认为，在未来，共产主义社会将要消灭分工的具体形态——“现在已被机器破坏了的分工，即把一个人变成农民、把另一个人变成鞋匠、把第三个人变成工厂工人、把第四个人变成交易所投机者的分工，将完全消失”[③]，而只保留脑力劳动和体力劳动的划分。生产力的发展会引起分工的发展，而分工的发展又将促进生产力的进一步提升。在共产主义社会中，社会分工将更加合理和有序，劳动最终将成为人的自觉、自愿、自由的活动，人们将通过劳动实现自我价值和全面发展。

项目一任务一
知识测验

① 马克思，恩格斯．马克思恩格斯选集：第 1 卷 [M]. 3 版．北京：人民出版社，2012：135-136.

② 同 ①241.

③ 同 ①308.

任务实施

本任务的实施可以通过课堂操作和课外文献阅读等途径开展，查阅的内容围绕任务描述中的相关问题展开，具体包括了解劳动、劳动观、劳动价值观，以及马克思主义劳动观的基本概念、内涵及意义等内容。

任务名称	认识马克思主义劳动观
任务目的	通过对马克思主义劳动观的学习，能掌握并阐述其中的主要观点，能基于所学知识思考劳动对个人和社会的重大作用，并指导自身今后的劳动实践。
任务步骤	通过查找书本内容、课堂学习等方式，能够准确表达出劳动、劳动观与劳动价值观，以及劳动二重观、劳动财富观、劳动实践观、劳动分工观的基本含义，并通过小组互动的方式交流各自相关的经历和看法，结合教师授课内容，总结形成自己的观点和感受。
知识点 1：劳动、劳动观与劳动价值观	
知识点 2：劳动二重观	
知识点 3：劳动财富观	
知识点 4：劳动实践观	
知识点 5：劳动分工观	
小组交流内容	
总结与反思	
自测评估	

任务二 人类劳动演化简史

任务导引

★ AI 赋能时代：人类农业生产劳动的智能化转型与劳动方式变革 ★

2024 年，农业的未来再一次被 AI 技术点亮。随着诺贝尔生理学或医学奖、物理学奖和化学奖颁给了人工智能领域的科学家，人们开始意识到，AI 技术正在深刻地改变着传统的农业生产方式。AI 与农耕机器人的结合，不仅提高了生产效率，还减轻了农民的体力负担，从而为农村经济的发展注入了新活力。从“看天吃饭”到与 AI“对话”，中国的农业正在经历一场潜移默化的革命。

在浙江桐乡，一座 5 000 平方米的农场只需 3 名农人通过人工放好苗盘，智能精量播种机便能自动播种，实现每一个土壤空穴只播一粒种子的精准控制。这样的技术不仅使得农田管理更高效，而且种子浪费减少了至少 15%。卫星导航与 AI 的结合让无人农机在宽窄行种植中通过精量播种实现更优化的作物布局，为农田的通风透光创造了理想条件。

在四川泸州，智慧农业系统通过最新的传感器，实时监测土壤湿度、养分及作物生长状态，不再依赖农民的经验，而是利用数据驱动的决策来自动调整灌溉和施肥方案。这一改革不仅提升了作物的生长条件，还为农作物提供了最优的营养环境。从大棚里的智能监控到田间的灵活操作，科技正在无处不在地改变着传统农业。

农业机器人的形态和功能也随着技术的发展而不断丰富。巡检机器人（见图 1-1）可以在农场中感知并收集环境信息，采蘑菇和采茶叶的机器人则能通过仿生手做出精细的操作。这些机器人配备了温湿度传感器，能够快速适应各种环境的变化。它们的出现不仅解放了劳动力，而且让农业工作变得更加智能与高效。

图 1-1　农场中的巡检机器人

然而，挑战依然存在。机器人在复杂的农业环境中存在感知能力不足的问题，光照、遮挡等因素可能影响它们的工作效率。因此，尽管科技在进步，很多农业生产者仍对引入现代农业机器人持谨慎态度。

在推动智能农业发展的背后，新生代农人的崛起同样不可忽视。新农人利用电商平台、社交媒体等新兴渠道，探索出多条盈利路径，展现了现代农业的另一种可能性。他们的存在使得“喝着咖啡、吹着空调种地”的愿景逐渐变为现实。截至2023年底，我国的农业机械化率已经超过73%，有超过180万台的农机装备开始接入北斗定位系统，这一切都为未来的农业发展奠定了基础。

技术的不断进步正重塑着我国的田野，现在的时代不再是单靠天吃饭的时代，而是一个由AI和机器人助力的智能农业时代。这场围绕AI的农业革命，正如晨曦初露，既提升了农业的生产力，也在潜移默化中改变着中国农村的未来。稳步前行的农业机器人，无疑将为我们每一片土地的产出带来更高效、可持续的未来。

任务描述

人类的劳动，追根溯源，是从动物的本能活动发展而来的。绝大多数人类学家认为，人类是从一种古猿演化而来的。大约在中新世时期，由于气候急剧变化，古猿不得不改树栖生活为地面生活。从已发现的古猿化石可知，古猿的前肢较短、后肢较长，具有向直立行走发展的有利条件；它的大脑较大，也比其他动物的大脑发达。由于直立行走，前肢得到解放，古猿慢慢学会利用前肢把自然界某些现成的物体（如树枝、石块等）当作工具，进行获取生活资料。

在漫长的时间里，从猿到人过渡时期的生物在长期使用天然工具的过程中学会了制造工具，工具的制造意味着经过思考的有意识的活动，这种自觉的能动性是人和动物的最重要的区别，是从猿到人转变过程的飞跃，它标志着从猿到人过渡时期的结束，人类的发展进入了完全形成的人的阶段。[①]

本任务的具体要求主要是了解人类劳动发展的历史，尤其是人类使用和制造工具的历史演变以及人类社会的变革转型。

任务知识

一、采集劳动阶段

在人类历史的早期阶段，古猿与自然界中的其他动物相似，其活动能力受到本能的驱使。尽管一些动物的本能活动可能已经达到相当精妙的地步，但这种活动与人类的劳动本质上是不同的。人类的劳动始于制造工具，这是人类文明的重要标志。考古学发现的最古老的工具是石器，这些工具的制造和使用标志着人类劳动的起步，它超越了动物本能的活动范畴。原始人利用这些工具在天然土地上进行采集和狩猎，这是人类劳动发展的第一个阶段，这一阶段的劳动带有明显的动物本能特征。

二、农业和畜牧业生产阶段

进入新石器时代，人类开始利用刀、斧和锄等工具对天然土地进行改造，积累

---

① 吴于廑，齐世荣．世界史·古代史编：上卷[M]. 北京：高等教育出版社，2011：2-4.

耕地、播种等农业经验。随着锄耕农业发展到犁耕农业和灌溉农业，劳动资料得到改进，生产力得以大幅提高。同样，在畜牧业中，人类由早期的狩猎逐步演变为驯化并饲养猪、羊、狗等动物。这一变化使人类从食物的采集者转变为食物的生产者，初步改变了人类对自然资源的高度依赖状况，丰富了食物种类，改善了生活条件。

三、工业生产阶段

工业革命始于18世纪60年代，通常被认为起源于英格兰中部地区。它标志着资本主义工业化早期的历程，即从工场手工业向机器大工业的过渡。机器的引入极大地提高了劳动强度和劳动时间，同时也使得劳动变得更加单一化。这场以大规模工厂化生产取代个体工场手工生产的革命，是人类从手工劳动向动力机器劳动的飞跃。

19世纪70年代，人类进入电气时代，电气、化工、汽车、石油等工业部门兴起。第二次工业革命虽然在技术上基于大机器，但并未从根本上改变生产方式。然而，它极大地提高了生产效率和产品价值，使得劳动价值与产品价值的比率显著增加。

四、数字化生产阶段

20世纪四五十年代，以原子能技术、空间技术、电子计算机技术为代表，包括人工合成、分子生物学和遗传工程等成就在内的第三次工业革命（又称第三次科技革命），直接推动了社会生产力的发展。以往，人们主要依靠提高劳动强度来提高劳动生产率，而在第三次工业革命后，则主要通过生产技术的不断进步、劳动者的素质和技能的不断提高以及劳动手段的不断改进，来提高劳动生产率。

当前，以人工智能、大数据、机器人技术为代表的第四次工业革命正在深入发展。现阶段，随着自然语言处理（NLP）技术的快速发展，基于这一技术构建的人工智能助手（AI助手）已经变得越来越普遍和多样化。这些AI助手能够理解和生成人类语言，从而实现与人类的自然对话。它们通常被集成到各种设备和服务中，如智能手机、智能音箱、聊天机器人、虚拟助手等。科学技术转变为生产力的能力进一步加强，促使生产劳动模式、劳动组织管理、劳动者自身素质等不断进行变革，提高了生产力水平，节约了必要劳动时间，加快了人类自由劳动的进程。这一革命性变化预示着人类劳动将进入一个全新的时代，人类将进一步从重复性、低技能和高强度的体力劳动中得到解放，劳动将更加智能化、高效化，同时也对劳动者的素质和技能提出了更高的要求。

项目一任务二
知识测验

班级______ 姓名______ 学号______

任务实施

本任务的实施可以通过网络信息检索、实地调研等途径开展，调研的内容必须围绕任务描述中的相关问题展开，具体包括认识人类劳动发展的采集劳动阶段、农业和畜牧业生产阶段、工业生产阶段和数字化生产阶段。

任务名称	认识人类劳动演化简史
任务目的	通过对人类劳动演化简史的学习，掌握并阐述人类的四大劳动发展阶段，能基于所学知识思考不同阶段的人类劳动的特征和时代特点，形成在当下历史阶段的个人发展策略和劳动能力培养目标。
任务步骤	通过查找书本内容、课堂学习等方式，能够准确表达出人类与劳动的起源、采集劳动阶段、农业和畜牧业生产阶段、工业生产阶段和数字化生产阶段的基本内容和特点，并通过小组互动的方式交流各自相关的经历和看法，结合教师授课内容，反思并总结自己的观点和感受。
知识点 1：人类与劳动的起源	
知识点 2：采集劳动阶段	
知识点 3：农业和畜牧业生产阶段	
知识点 4：工业生产阶段	
知识点 5：数字化生产阶段	
小组交流内容	
总结与反思	
自测评估	

项目二 劳动精神面貌：三种精神

知识目标

1. 了解劳模精神形成的历史嬗变过程
2. 概述劳模精神的科学内涵与价值意蕴
3. 理解新时代劳动精神的形成基础
4. 概述新时代劳动精神的科学内涵与价值意蕴
5. 了解传统工匠精神的历史沿革
6. 掌握新时代工匠精神的科学内涵与价值意蕴

技能目标

1. 能制作一份本行业全国劳动模范和先进工作者人物图谱
2. 能结合三种精神内涵，对一位典型人物进行访谈

素质目标

弘扬劳模精神、劳动精神和工匠精神

任务一 劳模精神

任务导引

★ 黄文秀事迹简介 ★

黄文秀，壮族，中共党员，1989 年 4 月生，生前系百色市委宣传部副科长，派驻乐业县百坭村党组织第一书记。她于北京师范大学毕业后主动回到百色革命老区工作，2018 年初主动请缨到百坭村任第一书记，工作表现突出。2019 年 6 月 16 日晚，黄文秀冒着暴雨开车返回工作岗位，途中遭遇山洪，不幸牺牲，年仅 30 岁。习近平总书记对黄文秀同志先进事迹作出重要指示强调，广大党员干部和青年同志要以黄文秀同志为榜样，不忘初心、牢记使命，勇于担当、甘于奉献，在新时代的长征路上做出新的更大贡献。黄文秀先后被追授时代楷模、全国脱贫攻坚模范、全国五一劳动奖章获得者、全国青年五四奖章获得者、全国三八红旗手等称号。

任务描述

2021 年，党中央批准了中央宣传部梳理的第一批纳入中国共产党人精神谱系的伟大精神，劳模精神（劳动精神、工匠精神）入选。劳模精神是中国精神的时代展现，其丰富的内涵不仅源自对中华优秀传统文化的赓续，而且与社会主义核心价值观高度契合。

本任务主要内容包括：（1）了解劳模精神形成的历史嬗变过程；（2）概述劳模精神的科学内涵与价值意蕴；（3）梳理中华人民共和国成立后的全国劳动模范和先进工作者表彰情况；（4）寻找身边的劳动模范和先进工作者并对其进行访谈，结合劳模精神的内涵，讲述典型人物故事；（5）积极弘扬劳模精神。

任务知识

一、劳模精神形成的历史嬗变过程

劳模，是劳动模范和先进工作者的统称，是劳动群众的杰出代表，是对社会主义事业做出杰出贡献的劳动者。一个时代有一个时代的劳模，一个劳模就是一面旗帜。劳模永远是所有社会工作者学习的榜样，激励着广大劳动群众以主人翁的精神和高度的责任感，承担起社会进步和历史发展的使命。劳模精神作为时代精神，在不同的历史时期呈现出不同的发展阶段。

（一）中华人民共和国成立前：劳模精神的萌芽形成期（1931—1949年）

劳模群体的出现并不是偶然的，它是在中国共产党建立了红色革命政权以后，在中华苏维埃共和国临时中央政府诞生于瑞金后，在边区财政经济困难的情况下，在毛泽东同志的领导下，为了团结群众、发动群众，中央苏区经济建设需要的历史产物。同时，中国劳模现象的产生也受到了苏俄“共产主义星期六义务劳动运动”和苏联“斯达汉诺夫运动”的影响。之后，陕甘宁和晋绥边区、晋察冀和晋西北抗日根据地等地区开始仿效过去在苏区和苏俄、苏联的做法，开展大生产运动和各项建设，寻找典型和树立典型劳动模范，掀起了党的历史上第一次真正意义上的大规模劳模运动，并对劳模精神的产生起到了关键的促进作用。革命战争年代的劳模群体做出了重大贡献，呈现出“为革命生产劳动、为革命拼命献身、为革命苦干巧干”的“革命型”特征。与此同时，劳模精神开始萌芽。革命战争年代的劳模精神为劳动人民提供了强大的精神动力，极大地推动了根据地的物质生产，加快了党领导下的新民主主义革命胜利和中华人民共和国成立的进程。

（二）中华人民共和国成立初期：劳模精神的初步发展期（1950—1976年）

1950年9月25日，毛泽东同志在全国战斗英雄和劳动模范代表会议上的祝词中指出，全国战斗英雄和劳动模范“是全中华民族的模范人物，是推动各方面人民事业胜利前进的骨干，是人民政府的可靠支柱和人民政府联系广大群众的桥梁”①。新中国成立初期，百废待兴，各行各业的劳动者积极响应国家号召，投身于建设新中国的伟大洪流中。这一时期涌现出了边区英模赵占魁、新中国兵工事业的开拓者吴运铎、鞍钢工人孟泰和王崇伦、淘粪工人时传祥、售货员张秉贵、第一位女火车司机田桂英、纺纱工人赵梦桃、“导弹之父”钱学森、“铁人”王进喜等一大批国人皆知的先进模范，他们带动广大群众艰苦奋斗、奋发图强，为经济社会发展做出了杰出贡献。从1950年首次开展全国劳模表彰到1976年，共召开了四次劳模评选和表彰活动。劳模群体在艰苦的环境中练就了坚毅品质和勤劳品格，继承了踏实朴素、艰苦奋斗的优良传统，为了新中国的发展建设愿做老黄牛、勇当拓荒牛、甘为孺子牛。勤勤恳恳、无私奉献、坚韧不拔、顽强拼搏、开拓奋进的“老黄牛精神”成为从中华人民共和国成立到改革开放前中国劳模精神的时代内核，激励和鼓舞着中国人民独立自主、艰苦奋斗、自力更生，在社会主义初级阶段建设的各个方面都发挥了极大的作用，构筑了一座不朽的精神丰碑。

（三）改革开放新时期：劳模精神的变革成型期（1977—2011年）

1978年，邓小平同志在中国工会第九次全国代表大会致辞中称赞劳动模范“至今还是我们学习的榜样和团结的核心”②。从1977年到1979年，我国进行了五次劳模表彰活动。短短两年内密集表彰劳模，主要是因为国家经济社会发展遭受了重大创伤，迫切需要发挥劳动模范的引领作用，带动全社会艰苦奋斗、发展经济，

---

① 毛泽东．毛泽东文集：第6卷[M]．北京：人民出版社，1999：95.

② 邓小平．邓小平文选：第2卷[M]．2版．北京：人民出版社，1994：134.

推动社会主义现代化建设。随着“知识分子是工人阶级的一部分”方针的明确，陈景润、袁隆平等知识分子和科研工作者成为劳模队伍中的新成员。1989 年首届全国劳动模范和先进工作者表彰大会后，劳模表彰制度愈加规范，会议召开的时间和届次越来越固定，会议的名称和荣誉称号也越来越统一。从 1995 年开始，全国劳动模范和先进工作者表彰大会每五年召开一次，劳模评选作为一种制度化、常态化的评选活动逐渐稳定下来。无论哪个行业的劳模，都能与时代同行，当先锋、树表率，影响并带动广大劳动者坚守信念、立足岗位、开拓创新、建功立业。

延伸阅读

新中国成立以来最具影响的劳动模范

为庆祝新中国成立 60 周年，重温劳模事迹，赞颂劳模精神，鼓舞和激励全国亿万劳动者为改革开放和社会主义现代化建设事业再创伟业、续写辉煌，中华全国总工会在 2009 年 4 月至 9 月开展了“时代领跑者——新中国成立以来最具影响的劳动模范”评选活动。经过公众投票和评委会评审，从最初提出的 120 位候选人中评定马恒昌、王进喜、袁隆平等 60 名劳模为公众心中新中国成立以来最具影响的劳动模范。让我们记住他们的名字（排名不分先后，按姓氏笔画排列）：马万水、马六孩、马永顺、马恒昌、孔祥瑞、孔繁森、王顺友、王乐义、王有德、王全禄、王进喜、王启民、王选、王洪军、王崇伦、邓亚萍、邓建军、邓稼先、包起帆、史来贺、田桂英、申纪兰、任长霞、多吉、许振超、达吾提·阿西木、吴仁宝、吴运铎、吴登云、宋鱼水、张云泉、张秉贵、时传祥、李双良、李斌、杨丽、杨怀远、邱娥国、陈刚毅、陈峰、孟泰、柳传志、赵占魁、赵国峰、赵桂兰、赵梦桃、钟南山、徐虎、袁隆平、郭凤莲、常香玉、梁军、尉凤英、智呼声、蒋筑英、鲁冠球、窦铁成、樊锦诗、潘兰英等。其中，37 人还入选了“100 位新中国成立以来感动中国人物”。

（四）中国特色社会主义新时代：劳模精神的光荣绽放期（2012 年至今）

2013 年 4 月 28 日，习近平总书记出席全总机关同全国劳动模范代表座谈会时指出：“榜样的力量是无穷的。劳动模范是民族的精英、人民的楷模。广大劳模以平凡的劳动创造了不平凡的业绩，铸就了‘爱岗敬业、争创一流，艰苦奋斗、勇于创新，淡泊名利、甘于奉献’的劳模精神，丰富了民族精神和时代精神的内涵，是我们极为宝贵的精神财富。”进入新时代，中共中央、国务院先后召开了两次全国劳动模范和先进工作者表彰大会，劳模精神迎来光荣绽放。中共中央、国务院在 2015 年召开了劳模表彰大会，这是时隔 36 年后我国又以最高规格表彰全国劳动模范和先进工作者（1979—2010年间的劳模荣誉称号主要由国务院授予）。党的十八大以来，习近平总书记对大力弘扬劳模精神、劳动精神、工匠精神作出一系列重要论述。2022年4月20日修订通过的《中华人民共和国职业教育法》将“培育劳模精神、劳动精神、工匠精神”写入总则。

二、劳模精神的科学内涵与价值意蕴

劳模精神凝练于人民群众的劳动实践，不仅展现了劳动者的精神面貌，而且展示了劳动者的性格特质。“爱岗敬业、争创一流，艰苦奋斗、勇于创新，淡泊名利、甘于奉献”这24个字的劳模精神，是伟大时代精神的生动体现，它具有激励教育、示范引领和文化影响等功能价值。

（一）爱岗敬业、争创一流

爱岗敬业是劳模精神的基础，争创一流是劳模精神的灵魂，爱岗敬业、争创一流是劳模精神的本质特征，体现了新时代积极的劳动态度。

爱岗敬业是事业发展的根本要求，是指在热爱本职岗位的基础上，以严肃认真的态度对待自己的工作，努力培养工作幸福感和荣誉感。爱岗是敬业的前提，敬业是爱岗的进一步升华，是对职业责任与荣誉的进一步深刻理解和认识，“敬业”被列为社会主义核心价值观的个人层面的内容之一，爱岗敬业成为公民职业价值评价的首要标准，是民族精神与时代精神对我国人民的基本要求。具体要求如下：第一，爱岗敬业要具有主人翁责任感和强烈的事业心，做有理想、有道德、有文化、有纪律的“四有”职工。第二，爱岗敬业要做到干一行爱一行，有了热爱之情就会有职业归属感、使命感，就会跳出只为生计谋的局限，就会把这份职业当作事业来看待、追求。第三，爱岗敬业要具备过硬的业务技术，要想立足岗位，必须不断认真学习业务知识，钻研工作的新思路、新方法，具备过硬的业务素质，做到“一专多能”，要结合岗位职责要求，坚持干什么学什么、缺什么补什么，做到知行合一、学以致用，努力成为胜任本职工作的“行家里手”。

争创一流是指在工作中充分发挥主观能动性，要专　行精　行，争取创造名列前茅的工作业绩。它是劳动者的价值追求，是呈现创优争先、积极进取、精益求精态度的内生动力。争创一流，就是与别人相比，勤奋多一点，责任强一点，敢于付出和奉献；争创一流，需要坚持，需要积淀，需要经历量变到质变；争创一流，需要充满激情，积极主动地工作、学习、生活；追求最优，需要好方法，包括做人的方法、思考的方法、工作的方法。具体要求如下：第一，争创一流就要设立更高的工作标准，干出新成效，做出新亮点。第二，争创一流就要拓宽工作视野，不能局限于自己原有的状态，不能只是满足于自己跟自己比，不能局限于本单位本系统范围，要勇于走在前列，具有开放的思维和世界的眼光，在更大范围、更高层次上找座次、定坐标。第三，争创一流就要有积极进取的心态，有远大的理想，不满足现状，要把毅力和进取心相结合，创造一个又一个的工作奇迹。

（二）艰苦奋斗、勇于创新

艰苦奋斗是劳模精神的本色，勇于创新是劳模精神的核心，艰苦奋斗、勇于创新是劳动模范应具备的重要品质之一，这一杰出品质是在实践活动中长期积淀而成的，是社会主义现代化建设必不可少的精神条件。

艰苦奋斗是指为实现既定的目标而勇于克服艰难困苦，始终保持顽强斗志，坚韧不拔、奋发图强的精神和品质。艰苦奋斗包含物质和精神两个层面：从物质层面看，艰苦奋斗要求人们将消费节制在合理的限度内，这个合理限度的衡量标准与每个时期的社会生产力水平相适应，它提倡的是勤俭节约，珍惜劳动创造的物质财富；从精神层面看，艰苦奋斗是指不畏艰难困苦，锐意进取、坚韧不拔、奋发有为的精神状态和为人民的利益乐于奉献的行为品质。具体要求如下：第一，在思想意识上，要增强不怕困难的意识。越是条件艰苦、困难较多，越能磨炼人的意志，越能培养吃苦耐劳、坚韧不拔的品格和作风。第二，在精神意志上，要保持昂扬奋进的锐气。遇到再大的逆境，都抱有必胜的信心，想办法克服，在逆境中锤炼意志，在磨砺中锻炼成长，才能把握好自己的命运，才能创造出不平凡的业绩。第三，在工作行为上，要吃苦在前、享受在后。作计划、办事情，都要注意精打细算，坚决反对铺张浪费和大手大脚，抵制拜金主义、享乐主义和奢靡之风。

创新是一个民族进步的灵魂，是一个国家兴旺发达的不竭动力。我们需要建设一支知识型、技能型、创新型劳动者大军，提倡勇于创新的劳模精神是实现中华民族伟大复兴的现实需要。所谓创新，就是要超越常规，敢于突破老规矩，敢于打破旧框框，敢于接受新事物，创造性地建立新机制、制定新思路、采取新方法、取得新成绩。通俗地讲，比别人提前一步是创新，比别人多想个角度是创新，比别人多干几件实事也是创新。创新无处不在，一个点子、一个想法、一个创意，就可能改变大局、焕发生机、提速增效。在新时代，只要我们端正态度，真正解放思想，找准位置，从身边创新做起，从岗位创新开始，从一点一滴的小事入手，坚持不懈，创新不止，就会赢得创新的质量和效率，就能实现发展的加速度。具体要求如下：第一，勇于创新需要求变思维。创新是人类特有的认识能力和实践能力，是人类主观能动性的高级表现形式，是推动社会发展和民族进步的不竭动力。第二，勇于创新需要提高创新能力。提高自己的创新素质与创新能力，把自己锻造成为创造型人才。第三，勇于创新需要培养勇气。勇气就是勇往直前、敢想敢干的精神气概。面对困难，要勇于创新，敢于面对。第四，勇于创新需要善抓机遇。机会是给有准备的人的，没有准备，机会来了也无法抓住。没有机会，就要创造机会，有了机会，就要巧妙地抓住，所以我们要认清机遇、抓住机遇、用好机遇。第五，勇于创新需要执着追求。执着即力量，是创新的第一要义。在创新的过程中，不要为失败找理由，要为成功找方法。如果一个人执着于他的事业，那么他便有了创新的动力。

（三）淡泊名利、甘于奉献

淡泊名利是劳模精神的境界，甘于奉献是劳模精神的底色，淡泊名利、甘于奉献作为中华民族传统美德的重要内容，也应当成为新时代劳动者所追求的价值目标。

淡泊名利就是超脱世俗的诱惑和困扰，豁达客观地看待名声与利益，锤炼遵规守矩的高尚品格，是一种永葆初心、心中有信仰的精神追求，合理地控制自己的欲望，做到清心寡欲、脚踏实地地专心干事，干出成绩，干出成功。许多劳模忍辱负重，奋斗不息，不以物喜，不以己悲，是淡泊名利、一心为民的典范。我们学习劳模，就要学习他们淡泊以明志、宁静以致远的优秀品德，始终保持高尚的情操。具体要求如下：第一，淡泊名利就要以平静之心对待自己。要常修为政之德，常思贪欲之害，常怀律己之心，自觉做公道正派、清正廉洁的表率和模范。第二，淡泊名利就要以平稳之心处事。要做到多淡泊、多知足、多奉献。第三，淡泊名利就要以平常之心对待名利。

甘于奉献是指勇于牺牲、顾全大局，心甘情愿地为社会、为集体、为他人服务，是一种主动自愿而不计较得失的信念和追求。甘于奉献是一个国家、一个民族、一个企业的精神高地，是推动经济社会发展进步的原动力。甘于奉献是马克思主义理论中集体主义原则的集中体现。社会主义社会强调的甘于奉献是指当个人利益与集体利益发生一定的冲突时，要将个人的利益置于集体利益之后，平衡好个人利益与集体利益的关系。奉献社会是马克思主义职业价值观的最高追求目标，在选择职业时我们应该遵循的主要指针是人类的幸福和我们自身的完美。我们应该选择最能为人类谋福利而劳动的职业，在奉献中实现人生价值。只有为千百万人的幸福而献身，我们的事业才能永恒地发挥作用。具体要求如下：第一，甘于奉献就要在本职岗位上默默付出。对工作任务，不能拈轻怕重，不管干过没干过、困难有多大，凡是落到了自己的头上，都要把它看成锻炼的机会，勇于承担，努力完成。第二，甘于奉献就要勇于承担社会责任。第三，甘于奉献就要做好充分准备。思想动力准备是前提；知识能力准备是条件；劳动付出准备是关键。没有思想动力准备，就不可能主动地做出奉献；没有知识能力准备，就做不出应有的奉献；没有劳动付出准备，就会在奉献面前退却。无论是从事任何职业的劳模，都在各自的事业中默默奉献，将自己的幸福融入国家和人民的幸福之中。正是如此，劳模和劳模精神才能获得全社会的认同，才能焕发光彩和生机。

延伸阅读

黄大年：做“大科学” 当“大先生”

黄大年（1958 年 8 月 28 日—2017 年 1 月 8 日），广西南宁人，国际知名战略科学家、中国著名的地球物理学家；曾任吉林大学新兴交叉学科学部首任部长，地球探测科学与技术学院教授、博士生导师；曾获时代楷模、全国五一劳动奖章获得者、劳动模范、全国优秀教师、全国优秀共产党员、杰出科学家、年度中国人物等称号。

年轻时的黄大年深知读书的重要性，所以一直很刻苦，17 岁的时候考入广西第六地质队，这为他后来的科研方向奠定了基础。1977 年，黄大年考入长春地质学院应用地球物理系（现吉林大学地球探测科学与技术学院）。1992 年，黄大年作为公派留学生，赴英国利兹大学地球科学系攻读博士学位，毕业后返回母校。不久，经单位同意，他再赴国外从事研究工作。本以为这是与祖国的短暂分离，没想到一别就是十几载。黄大年一直不敢忘记自己的使命，在英国的时候，他竭尽全力让自己成为行业的领军人物。1996 年到 2008 年，由于表现突出，他担任地球物理领域重要科研工作的带头人，以中国人的身份刷新了英国利兹大学的历史，成为享誉世界的科学家。

2009 年，黄大年怀着一腔爱国热情，放弃了海外优裕的环境，毅然决然从英国返回祖国，回到母校吉林大学全职任教，出任地球探测科学与技术学院教授、博士生导师。七年间，他夙兴夜寐，曾担任国家“深部探测关键仪器装备研制与实验”和“高精度航空重力测量技术”项目的首席科学家。在他的感召下，人工智能专家王献昌、汽车工程专家马芳武、智慧海洋专家崔军红等多位海外学者加入吉林大学，擘画了一幅宏大的吉林大学交叉学部蓝图——实现深地、深海、深空等领域的交叉融合。这位战略科学家无比清楚：发展大科学、建设大学科，最紧缺的就是人才！作为教育者，黄大年非常注重教育和人才培养，他因材施教、精心雕琢，根据学生的不同情况，采取一对一、点对点的个性化培养模式，学生喜欢什么，他就努力传授什么，学生哪方面有潜力，他就着重去挖掘，最大限度地激发学生的潜能，帮助学生走上适合自己的研究道路。他带领团队在航空地球物理领域取得了一系列卓越成就，以“拼命黄郎”精神叩开了“地球之门”，为中国“巡天探地潜海”填补了多项技术空白，创造了多项“中国第一”，推动我国深地探测装备的自主研发水平达到国际领先地位，抢占了国际前沿科技制高点，为我国的深地资源探测和国防安全建设做出了突出贡献。

这样一位执着的科学家，用七年时间燃尽了自己的生命。他用生命诠释了“爱岗敬业、争创一流”的劳模精神，是当之无愧的“时代楷模”。

项目二任务一

知识测验

任务实施

1. 请结合课堂和教材学习内容，通过网络信息检索、图书文献查阅、多媒体影片观看、博物馆参观、实物观察、人物访谈等方式，阐述劳模精神的形成历史、嬗变过程、科学内涵与价值意蕴。

学号

姓名

班级

2. 请通过网络信息检索、书籍文献阅读等途径，按照时间脉络，以表格形式，梳理中华人民共和国成立以来的全国劳动模范和先进工作者表彰情况（包括会议名称、会议时间、颁奖机构、表彰范围及人数、代表人物等）。

会议名称	会议时间	颁奖机构	表彰范围及人数	代表人物

3. 寻找身边的劳动模范和先进工作者并进行访谈，结合劳模精神的内涵，讲述一位典型人物故事（500 字左右）。

任务二 劳动精神

任务导引

★ 刘建明：把小小兰花种成村民“致富花” ★

相传 2 500 多年前，越王勾践在兰渚山种兰。现如今，步入浙江省绍兴市棠棣村这个以花为名、因花致富的小山村，闻着的是幽香清远的兰花香，品味的是“棠棣无处不飞花，满目青山绿无涯”的花香木韵。2023 年，棠棣村村民年人均收入达到 13 万元。但让人没想到的是，30 年前，它却是一个“远近闻名”的贫穷落后的小山村。“要带领乡亲们奔小康，过上好日子。”这是棠棣村党总支书记、村委会主任刘建明入党时许下的诺言。

刘建明说：“我 17 岁的时候便开始了走南闯北的‘卖花’生涯，从最开始的‘提篮小卖’，成为当地小有名气的‘万元户’。有了‘第一笔创业资金’后，我便选择在本乡本土寻求发展。20 世纪 80 年代初，地处半山区的棠棣村信息闭塞、交通不便，于是我承包了村里的 20 亩荒山，办起了花卉苗圃，希望为家乡的致富献出自己的一份绵薄之力。1998 年，我又投资 200 万元，扩建苗木基地，创办了绍兴百花园艺公司。我不断地探索、研究、钻研、学习。公司连年被评为浙江省科技示范企业、绍兴市优秀成长型企业、农业龙头企业和十佳营销大户，我希望自己可以成为家乡创业致富的带头人。”

发挥“头雁效应”，形成示范引领。1997 年，刘建明当上了刘家村党支部书记。2003 年行政村撤并后，刘建明届届被选为棠棣村主职干部。“一人富不算富，全村富才幸福。”本着这样朴素的想法，刘建明把一手创立的百花园艺公司交给妻子打理，自己则把带领全体村民致富作为新的目标。他带动棠棣村家家种花、户户卖花，使棠棣村出现了“无地不种花，无人不卖花”的可喜景象。他多年来肩挑重任、潜心耕耘，让这个曾经默默无闻的偏远山区小村如“开挂”般逆袭，成为闻名全国的美丽乡村。在他的引领、帮助和带动下，全村花卉苗木种植面积达 7 200 多亩，年收入 100 万元以上的村民达 50 多户。为了适应市场经济的发展，敢为人先的刘建明又组织几户苗木大户和花木经纪人，组建了县香满园花卉专业合作社。在逐渐形成“公司 + 合作社 + 基地 + 农户”的“一村一品”花木专业村发展模式的同时，刘建明用他犀利的眼光发展起了生态旅游业，依托丰富的山林、花卉资源和兰渚山丰厚的文化底蕴，改变村级经济单一的农业发展模式，稳步转向三产融合快速道，以花木产业为主导，以兰文化创意研学体验为特色，年接待培训 2.5 万人次以上、游客 14 万余人次，带动花木销售额增加 1 000 余万元。

近年来，他持续带领村干部和村民共同奋战美丽庭院、垃圾分类等工程，为家乡接连摘得国家级美丽宜居示范村、全国乡村振兴示范村、全国生态文化村等“国”字号招牌，让棠棣村实现了从偏远小山村到美丽乡村样板的亮丽蜕变。自2018年当选全国人大代表以来，他认真履职调研，广泛听取群众呼声，积极准备代表建议，多个建议被政府采纳，并且得以实施。兰花朵朵香，棠棣村将继续坚定地走在迈向共同富裕的道路上。

任务描述

党的二十大报告指出：“在全社会弘扬劳动精神、奋斗精神、奉献精神、创造精神、勤俭节约精神，培育时代新风新貌。”劳动精神作为共产党人精神谱系中的重要精神之一，是党带领人民朝着第二个百年奋斗目标奋进的重要精神力量。

本任务主要内容包括：（1）廓清新时代劳动精神的形成基础；（2）概述新时代劳动精神的科学内涵与价值意蕴；（3）寻找身边的劳动者并进行访谈，结合劳动精神的内涵，讲述典型人物故事；（4）积极弘扬劳动精神。

任务知识

一、新时代劳动精神的形成基础

思想文化对劳动精神的形成具有深远的影响，其根源于马克思主义劳动观，依托于中华优秀传统文化中的劳动思想以及各时期党的劳动思想。马克思把劳动比喻为整个社会都在围绕旋转的“太阳”，将劳动视作创造价值的惟一源泉。中华优秀传统文化深深植根于勤劳与智慧之中，蕴含着极其丰富的劳动精神价值。勤俭美德内蕴劳动精神，《尚书·周书·周官》中的“功崇惟志，业广惟勤”，强调了勤奋、勤勉是伟大成就取得的关键要素。《天工开物》一书所记载的各种劳动工具和技艺的创造，则是劳动人民智慧的结晶，体现了劳动者在面对自然和生产活动中的创新和适应能力。诚信仁义思想内蕴劳动精神，正如《孟子·离娄下》所言，“大人者，言不必信，行不必果，惟义所在”。诚信被视为立身之本和治国安邦的重要德行，包括诚实和守信两方面的道德规范，既注重诚善于心，又强调言行一致。中国共产党始终把马克思主义的理论与中国的具体情况联系起来，探索、发展、创新社会主义劳动规律、劳动主体和劳动关系。毛泽东同志为马克思主义劳动观的中国化做出了重要贡献。1958年5月，毛泽东在中共八大二次会议上强调：领导干部要以普通劳动者的姿态出现，应该有高尚的道德情操和纯粹的人民本位思想。1977年5月，邓小平同志在同中央两位同志的谈话中指出，一定要在党内造成一种空气：尊重知识、尊重人才。党的十六大进一步提出“尊重劳动、尊重知识、尊重人才、尊重创造”的方针。党的十八大以来，习近平总书记提倡“实干”与“创造”并重，对大力弘扬劳模精神、劳动精神、工匠精神作出一系列重要论述。

同时，劳动精神是劳动人民在千百年的劳动实践中锻造出的永不褪色的精神品质和宝贵的精神财富。凭借勤劳的双手，中华民族的先民们“烁金以为刃，凝土以为器，作车以行路，作舟以行水”，用汗水与智慧谱写了灿烂的中华文明。凭借勤劳的双手，中国人民在中国共产党的领导下，自力更生、发愤图强、解放思想、锐意进取，取得了革命、建设、改革的伟大成就，全面建成了小康社会，共同创造着幸福生活。

二、新时代劳动精神的科学内涵与价值意蕴

劳动精神的基本内涵可概括为“崇尚劳动、热爱劳动、辛勤劳动、诚实劳动”。这四个方面是紧密联系的逻辑整体，通俗地讲，就是四个“干”：想干、爱干、苦干、实干。劳动精神是社会发展到现当代的文化精神结晶，彰显着新时代踔厉奋发、勇毅前行的新风貌，是推动中国特色社会主义事业迈上新台阶的动力条件。

（一）认知层面：崇尚劳动

崇尚劳动作为劳动精神的首要内涵，是指对劳动和劳动者的尊重、推崇和价值认同。具体来说，崇尚劳动包含两个方面的内涵：第一，崇尚劳动要求劳动人民树立正确的劳动价值观。劳动精神是根植于劳动者内心的价值信仰和规范劳动者行为的价值选择，树立了正确的劳动价值观，劳动人民才会想要去劳动，渴望去劳动，从而在辛勤劳动、不断奋斗中实现自己的人生价值。第二，崇尚劳动是对劳动和劳动者高度的价值认同，尤其是对劳动者道德品格的弘扬。“全国五一劳动奖状”和“全国五一劳动奖章”是国家为各方面建设取得巨大成就、做出卓越贡献的劳动者颁发的荣誉奖。

1950 年，党和国家首次表彰劳动模范。全国总工会从 1985 年开始，除召开全国劳模表彰大会的年份外，每年“五一”国际劳动节前夕都进行全国五一劳动奖状、奖章的评选表彰，评选标准坚持面向基层、面向一线、面向普通劳动者。这激励着广大劳动群众满怀信心投身全面建设社会主义现代化国家、实现中华民族伟大复兴中国梦的伟大事业。当耄耋之年的袁隆平又一次走进稻田，查看水稻长势；当张桂梅伸出贴满膏药的双手，鼓励她的学生……因为崇尚劳动，我们对每位劳动者都充满敬意。劳动创造财富，劳动者在劳动中所体现出的坚守与热爱，更是一笔无与伦比的财富。只有现实生活中的每个人都崇尚劳动，提升对劳动者的认同，树立正确的劳动价值观，才能汇聚成为实现中华民族伟大复兴中国梦的强大精神力量。

（二）情感层面：热爱劳动

热爱劳动是指劳动者乐于劳动的积极态度和奋斗热情。具体来说，热爱劳动包含三个方面的内涵：第一，热爱劳动是培养劳动者乐于劳动、踊跃劳动的积极态度；第二，热爱劳动是劳动者对自己工作岗位的热爱；第三，热爱劳动是珍惜自己及他人的劳动成果。

1978 年冬天的安徽凤阳小岗村，18 位农民凑在一起，在一纸分田到户的“秘密契约”（见图 2–1）上按下鲜红的手印。轰轰烈烈的“大包干”由此开启，拉开了我国农村改革的序幕。这些农民为何敢闯敢试、敢为人先？因为他们内心深处有对劳动的满腔热忱；因为他们相信，辛勤的劳动一定能换来幸福的生活。在实行大包干后的第一年，小岗村迎来了大丰收，村民不仅吃饱了肚子，还给国家和集体上缴了粮食，一举结束了 20 多年吃国家救济粮的历史。

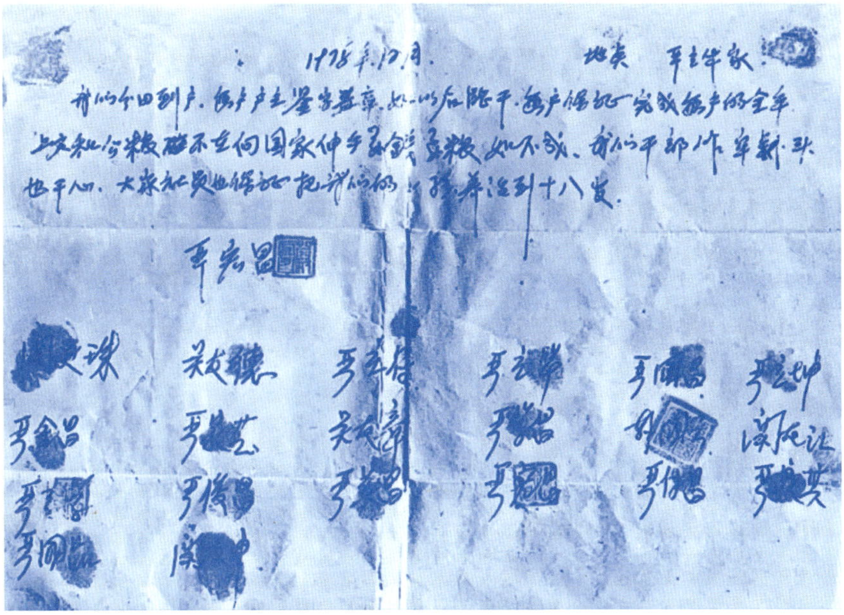
1978年12月　地点　严立华家
我们分田到户，每户户主签字盖章，如以后能干，每户保证完成每户的全年上交和公粮，不在向国家伸手要钱要粮。如不成，我们干部作牢刹头也甘心，大家社员也保证把我们的小孩养活到十八岁。

图 2–1　1978 年小岗村 18 位农民按下红手印的“包干到户”契约

（三）意志层面：辛勤劳动

辛勤劳动是指劳动者不畏辛苦和劳累，能够敬业乐业、艰苦奋斗的行为，主要体现为持续行动力和坚强意志力，是对劳动的强度、韧性和劳动过程的肯定。具体来说，辛勤劳动有三个方面的内涵：第一，辛勤劳动要求肯于付出劳动；第二，辛勤劳动要求脚踏实地劳动，强调稳扎稳打，一步一个脚印；第三，辛勤劳动要求养成勤于劳动的习惯。

2024 年是“义新欧”中欧班列开行 10 周年，该班列已辐射 50 多个国家和地区、160 多个城市，连接中国义乌和西班牙马德里等欧洲城市，为中欧贸易往来搭建了高效便捷的“快车道”（见图 2–2）。四五十年前，义乌这个浙中小县还不富裕，义乌人拿着拨浪鼓走街串巷，鸡毛换糖，艰苦创业。后来，义乌人在路边支起小摊，虽然经营场所相对固定了，但依旧简陋。再后来，义乌建成了全国最大的小商品批发市场，又进军海外市场，被誉为“世界小商品之都”。义乌发展的奥秘，就是靠辛勤劳动和善于创新。三峡工程竣工、青藏铁路通车，南水北调、西气东输，“嫦娥”飞天、“蛟龙”潜水……每个“中国奇迹”的背后，都是众多劳动者经年累月的辛勤奋斗。广大劳动者以勤劳作为基底，以意志作为支撑，辛勤耕耘，在服务社会中实现自己的人生价值。

图 2-2　中国义乌至西班牙马德里的“义新欧”铁路国际货运班列

（四）行为层面：诚实劳动

诚实劳动，从字面上理解，就是诚恳、踏实地劳动。诚实劳动是对劳动者品行的客观规定，强调劳动者坚持正确的劳动方向，自觉秉持言行一致的原则。不允许在劳动的形式、内容上要花样，不允许在劳动的效果上打折扣，投机取巧、贪图享乐、不劳而获的思想必须予以摒弃。具体来说，诚实劳动具有两个方面的内涵：第一，诚实劳动要求用诚实的态度做人。诚实本身就是一种良好的道德修养，即忠诚老实，不说谎，不作假，不隐瞒自己的真实思想。既要展示真实的自己，又要真诚地对待别人。第二，诚实劳动要求用诚实的态度做事。只有具备诚实品质的劳动者所从事的劳动才是有价值的劳动。

在遍布大街小巷的同仁堂药店门前，有一副对联：“炮制虽繁必不敢省人工，品味虽贵必不敢减物力。”这既是对消费者的承诺，又是这家老字号创立 300 多年屹立不倒的秘诀。对于商人，诚实劳动要求其生产保质保量的产品，提供有信誉的服务；如果生产假冒伪劣产品，欺骗消费者，那便是不诚实的劳动。对于艺人，诚实劳动要求其提供高质量的、喜闻乐见的艺术产品，而不是大搞饭圈文化、偷税漏税。对于职员，诚实劳动要求其做老实人、说老实话、办老实事；如果投机取巧，做“两面人”，那便是不诚实、没有价值的劳动。无论社会如何发展，无论时代如何变迁，诚实劳动永远代表着正确的、主流的价值观。尽管劳动过程艰辛，但只要劳动者坚持脚踏实地、诚实劳动，最终一定能够到达成功的彼岸，并因此获得幸福。

延伸阅读

《中华人民共和国职业分类大典（2022 年版）》

2022 年 9 月 27 日，《中华人民共和国职业分类大典（2022 年版）》（以下简称 2022 年版《大典》审定颁布会议在北京召开）。人力资源和社会保障部表示，新版职业分类大典充分适应和反映了近年来经济结构特别是产业结构变化，适应和反映了社会结构特别是人口、就业结构变化，适应和反映了人力资源开发与管理特别是人力资源配置需求，对于经济社会各领域都具有重要价值。

什么是“职业分类”？职业分类是指按一定的规则、标准及方法，按照职业的性质和特点，把一般特征和本质特征相同或相似的社会职业，分成并统一归纳到一定类别系统中的过程。发达国家都非常重视对职业分类问题的研究，这不仅是形成产业结构概念和进行产业结构、产业组织及产业政策研究的前提，而且是对劳动者及其劳动进行分类管理、分级管理及系统管理的需要。我国职业分类体系变迁如表 2–1 所示。

表 2–1 我国职业分类体系变迁

类别	1999 年版《大典》	2015 年版《大典》	2022 年版《大典》
大类	8	8	8
中类	66	75	79
小类	413	434	450
细类（职业）	2 028	1 481	1 639

2022 年版《大典》对比 2015 年版《大典》，优化调整了部分归类，围绕建设制造强国、数字中国，发展绿色经济和依法治国等要求，专门增设或调整了相关中类、小类和细类（职业）。2022 年版《大典》与 2015 年版《大典》相比，中类新增 5 个，取消 1 个，净增 4 个；小类新增 21 个，取消 5 个，净增 16 个；细类（职业）新增 168 个，取消 10 个，净增 158 个；工种新增 377 个，取消 80 个，净增 297 个。据此，2022 年版《大典》职业分类为 8 个大类、79 个中类、450 个小类、1 639 个细类（职业）和 2 967 个工种。

2015 年版《大典》与 2022 年版《大典》职业分类体系对比如表 2–2 所示。

表 2-2　2015 年版《大典》与 2022 年版《大典》职业分类体系对比

2015 年版《大典》					2022 年版《大典》				
大类	中类	小类	细类（职业）	工种	大类	中类	小类	细类（职业）	工种
第一大类　党的机关、国家机关、群众团体和社会组织、企事业单位负责人	6	15	23		第一大类　党的机关、国家机关、群众团体和社会组织、企事业单位负责人	6	16	25	
第二大类　专业技术人员	11	120	451		第二大类　专业技术人员	11	125	492	
第三大类　办事人员和有关人员	3	9	25	15	第三大类　办事人员和有关人员	4	12	36	24
第四大类　社会生产服务和生活服务人员	15	93	278	338	第四大类　社会生产服务和生活服务人员	15	96	356	460
第五大类　农、林、牧、渔业生产及辅助人员	6	24	52	138	第五大类　农、林、牧、渔业生产及辅助人员	6	24	54	150
第六大类　生产制造及有关人员	32	171	650	2 179	第六大类　生产制造及有关人员	32	172	671	2 333
第七大类　军人	1	1	1		第七大类　军队人员	4	4	4	
第八大类　不便分类的其他从业人员	1	1	1		第八大类　不便分类的其他从业人员	1	1	1	
合计	75	434	1 481	2 670		79	450	1 639	2 967

为及时反映职业发展变化趋势，2023 年 10 月，人力资源和社会保障部发布通告，向社会公开征集新职业信息。经有关机构和单位申报建议、专家评审论证、书面征求中央和国家机关有关部门意见等程序，2024 年 5 月，面向社会公示征求意见。在吸收采纳各方意见建议的基础上，人力资源和社会保障部等三部门向社会正式发布了生物工程技术人员等 19 个新职业和汽配销售经理人等 28 个新工种信息，并调整变更了 11 个职业（工种）信息。这 19 个新职业分别是：生物工程技术人员、口腔卫生技师、网络安全等级保护测评师、云网智能运维员、生成式人工智能系统应用员、工业互联网运维员、智能网联汽车测试员、有色金属现货交易员、用户增长运营师、会展搭建师、文创产品策划运营师、储能电站运维管理员、电能质量管理员、版权经纪人、网络主播、滑雪巡救员、氢基直接还原炼铁工、智能制造系统运维员、智能网联汽车装调运维员。

项目二任务二
知识测验

学号________ 姓名________ 班级________

任务实施

1. 请结合课堂和教材学习内容，通过网络信息检索、图书文献查阅、多媒体影片观看、博物馆参观、实物观察、人物访谈等方式，阐述新时代劳动精神的形成基础、科学内涵和价值意蕴。

2. 寻找身边的普通劳动者并进行访谈，结合劳动精神的内涵，讲述一个典型人物故事（500 字左右）。

任务三 工匠精神

任务导引

★ 0.01 毫米见真章——浙江小伙蝉联喷漆界世界冠军 ★

2017 年 10 月，在阿联酋阿布扎比举行的第 44 届世界技能大赛中，杭州技师学院年仅 21 岁的蒋应成获得汽车喷漆项目冠军，助力我国实现了汽车喷漆项目金牌蝉联。

“金牌，蒋应成！”主持人话音刚落，只见蒋应成披着五星红旗冲向领奖台，脸上是掩饰不住的喜悦。从训练车间到领奖台，他足足“熬”了 4 年。次年，他拿到了浙江省特级技师第 0002 号证书，成为浙江省第二名获得破格晋升的教授级高工。

汽车喷漆项目要求油漆上下厚度误差不能超过 0.01 毫米，相当于一根头发丝直径的六分之一。为了翻越这座“技能高山”，蒋应成想了不少训练法子——在鸡蛋膜不破的前提下，用一个打磨机把鸡蛋壳去掉；手上挂一个装满水的矿泉水瓶来训练稳定性；喷漆时发现车门拐角处用左手的效果更好，强行把自己训练成为左撇子……

“我是个有点强迫症的人。”没有达到自己的心理预期，蒋应成就会一直练，练到满意为止。几年来，他每天都会待在四五十摄氏度的车间里。车间所在的大楼里，人们每天来了又去，常常只剩下蒋应成的喷枪声，半夜还在回响着。

现在，蒋应成是杭州技师学院汽车整形与涂装专业的一名教师。除了经常接到车行打来的“求助电话”，他每周还会给学生们上 16 节专业课。在杭州技师学院的课堂里，作为青年教师，他以身垂范，是为了告诉后来人——把一件小事做到极致，不仅能改变命运，也能成为受尊重的人才。

任务描述

党的十八大以来，习近平总书记十分关心、高度评价大国工匠，强调“要在全社会弘扬精益求精的工匠精神”，“培养更多高素质技术技能人才、能工巧匠、大国工匠”，激励广大劳动者走技能成才、技能报国之路，激发起广大劳动者在强国建设、民族复兴新征程上踔厉奋发、勇毅前行的磅礴力量。①

在本任务中，我们将：（1）了解传统工匠精神的历史沿革；（2）概述中国新时

① 李昌禹，易舒冉，邱超奕．大国工匠，总书记点赞的顶梁柱［N］．人民日报，2024-05-01.

代工匠精神的科学内涵与价值意蕴；（3）寻找身边的工匠并进行访谈，结合工匠精神的内涵，讲述典型人物故事；（4）积极弘扬工匠精神。

任务知识

一、传统工匠精神的历史沿革

工匠精神是对历代工匠优秀品质的凝结，它聚焦于人们的价值观层面。任何时候，我们都要传承、弘扬、学习工匠精神，让它成为人们精神世界不可缺失的一部分。从人类文明的历史发展阶段来看，虽然工匠精神内容的侧重点不一样，但是其本质内涵并没有发生变化。工匠精神可以被概括为一种精神饱满的工作状态、严谨认真的工作态度、不断创新的工作思路。

在原始文明时期，物质生产能力低下，人们获取生产资料的方式单一。人们最早使用的工具是石器，将简单的石头加工制作成器物就可以满足人们当时的日常需要。在这一阶段，虽然人们已经具备了一定的主观能动性，但依旧受自然环境的束缚。恩格斯在《反杜林论》中指出，“摩擦生火第一次使人支配了一种自然力，从而最终把人同动物界分开”[①]。从中不难看出，简单的石头加工，火的诞生，以及之后的搓绳技术，这些简单的劳作方式，为农业文明工匠的产生奠定了基础。

在农业文明时期，人们进一步制作工具，并对工具的种类进行细致划分，主要以手工劳动解决温饱问题。在这一阶段，工匠制作器物的方式不仅是简单的劳作方式，而且已经上升为专门的手艺。这种手艺与原始文明时期简单的劳作方式相比，更具有专业性与目的性。在这一时期，工匠制作的器物有专门的人去把控质量，工匠的行为也有专门的制度去规范。《唐六典》中“一入工匠后，不得别入诸色”提到，工匠一旦入了匠籍，就不能从事其他的职位工作，说明当时对工匠的人身和行为有相当严格的控制。明朝伟大漆艺家黄成在《髹饰录》中详细描写了髹饰的来源、工匠工艺及相关工具原料、漆工禁忌等方面的注意事项。他指出，漆工不仅要具备高超的技艺水平，而且要对“三法”“二戒”“四失”“三病”“六十四过”等诸多问题进行防范。这些规范和制度正是当时对工匠从业道德的约束，这便是工匠精神的源头认知。宋朝之后，随着重农抑商的观念不再那么强烈，工匠的地位有所上升。再者，工匠通过优良的技艺获得财富，并在财富的支撑下迅速扩充人脉资源以获取一定的社会声望。此外，由于工匠之职代代相传，上代工匠将技艺传承给后人，这些后人继承上代工匠的技艺，并在日常的制作器物的过程中不断地发展。因此，严格的工匠传承制度有助于工匠更加专注于自己的制物领域，追求技艺上的炉火纯青。这时，工匠的制物标准，不仅是制度规范下的产物，而且是超越工匠技艺层面的精神认知。可以看出，在这一时期，工匠的行为规范制度和传承制度都有助于工匠专注于自身领域。因此，在农业文明时期，工匠精神最大的特点是专注。

---

① 马克思，恩格斯．马克思恩格斯文集：第 9 卷 [M]. 3 版．北京：人民出版社，2009：121.

在工业文明时期，人们利用掌握的科学技术去改造自然。工业革命改变了人与自然的关系，开启了世界现代化新征程，使各个国家和地区的联系更加密切。在这一时期，德国、日本、美国等制造强国利用其技术优势，在发展上抢占先机，其匠人的技艺水平和匠人所追求的工匠精神，对全世界产生了深刻的影响。在早期日本，匠人技艺传承主要依靠两种方式：一种技艺传承方式是“丁稚奉公”制度，学徒从小作为“丁稚”被送到店铺，不仅要学习手艺，而且要学习与之相关的知识，之后要参加层层考核，符合标准的学徒才有资格拜师入门，然后在此后的生涯中专注于一门技艺。此种制度对学徒的考核十分严格，对学徒的品行和天赋要求极高。另一种技艺传承方式是家族的“一子相传”制度，“一子相传”不局限于血脉相传，也可以传承给女婿或者有天赋的徒弟。在德国，中小企业占据了制造业的支柱地位，而这些企业基本上都是家族企业，其最大的特点是小而精，“小”指的是企业的规模小，“精”指的是企业所制造的产品技术含量高。这种特点的优势是有利于这些企业在自身的领域深耕，劣势则是无法进行多元化经营。再者，受国内市场狭小的局限，德国的中小企业想要取得自身的竞争优势，就只能将目光放在国外市场上。与国内市场相比，国外市场竞争更加激烈、环境更加复杂，要想在同行业中取得竞争优势，只有明确分工、细化制造流程、不断提高产品的技术含量。因此，德国工匠精神的最大特点是精准。与德国的家族企业相比，美国企业的寿命较短，专注周期也较短。这是由于美国的产业以信息科技类和金融类为主，制造业占比小，因此美国只有不断在制度、技术上创新，才能在行业竞争中取得优势。因此，美国工匠精神的最大特点是创新。

二、新时代工匠精神的科学内涵与价值意蕴

中国特色社会主义进入新时代，伟大时代需要伟大精神作为指引。新时代工匠精神，其内涵为执着专注、精益求精、一丝不苟、追求卓越。它根植于实践并不断丰富，在传统工匠精神的基础上注入新的时代内容，继承了传统工匠精神的丰富内涵，反映了中华民族深厚的文化内涵。

（一）工作品质：执着专注

执着专注是对某一事物和技能在时间和精神上的专心致志、坚持不懈，是劳动者在追求卓越之路上不懈努力的基石，是工匠的立身之本。执着专注在《周礼·冬官考工记·总叙》中就有体现，里面指出了工匠是一种世代相传的职业，因此工匠们一生只能专注于一种职业。在新时代，执着专注更多强调的是对工作岗位十年如一日的坚守，这种坚守来源于工匠对自己技艺的热爱，来源于一份沉重的责任感。工匠必须具备强大的专注力和耐力，“慢工出细活”。这里的“慢”并不是指速度的快慢，而是指一种工作态度，是对工作精雕细琢、耐心细致地完成，是逐渐由量变引起质变，是坐得住冷板凳，坚持不懈。“干一行，钻一行”是现代工匠的工作信念，精湛的技艺是他们跻身匠人行业的硬性标准，执着专注、坚守专业、淡泊名利的精神品质是他们成为大国工匠的关键所在。

（二）工作作风：精益求精

精益求精是对标准的高要求、对品质的高追求，只有进行时，没有完成时，时刻保持不断提升、不断精进的精神状态。精益是指劳动者应对“造就”之产品、工序等凝神聚力以做到极致，在此期间让所在的组织或者所从事的行业能够基业长青。精益求精是一种追求极致的精神品质，追求技艺的炉火纯青是优秀匠人必须具备的品质，也是优秀匠人一生的追求。劳动者要将精工细作、追求极致的精神注入产品加工的每一个环节中，对产品质量的追求永无止境，始终秉持打造一流精品的初心和精益求精的匠心。

（三）工作态度：一丝不苟

一丝不苟是在工作中对细节高度关注，做事情细致认真，不放过任何一个细节，秉持“偏毫厘不敢安”的理念，在平凡的岗位上干出不平凡的业绩。伟大源于细节的积累，“干一行，精一行”，小到螺丝钉，大到国之重器，都需要匠人们倾尽匠心，把握好每个生产环节，经营好每个细节，在每个细节上下足功夫。另外，匠人们在工作中保持一丝不苟的工作态度，是实现自我价值的一种方式。只有在劳作过程中深入投入大量的时间和精力，才能获得对产品整体的高层次审美认识。这种认识促使工匠在下一次劳作过程中更加注重细节的完美，从而打造一流精品，服务于人民。

（四）工作表现：追求卓越

追求卓越是工匠终身学习的动力，也是工匠推陈出新的要求；有对“技”的超越、对“道”的践行，也有面向未来的传承与创新。工匠对于卓越的追求，体现在追求自身技艺的炉火纯青和对自身作品的完美要求两个方面。不断地优化、改进技术，是工匠永恒的追求。但只关注技术的提高，而以敷衍的态度制作产品，也不能被称为工匠。追求卓越的过程就是追求更好的质量、更高的技术、更完美的作品，这些都是在符合标准的基础上，不断打磨，不断追求完美而实现的。只有不断提高自身标准，毫不懈怠地对待每一件作品，才能够达到卓越的品质。

延伸阅读

全国首个“工匠日”在杭州设立

2019 年 4 月 3 日，经杭州市第十三届人民代表大会常务委员会第十八次会议审议决定，自 2019 年起，将每年的 9 月 26 日设立为“工匠日”，作为尊重工匠、关爱工匠、学习工匠以及弘扬工匠精神的重要载体。这也是全国首个“工匠日”。

为什么要设立“工匠日”？

杭州是一座“浸透着江南韵味，凝结着世代匠心”的城市，杭州文化中自古就有“工匠精神”基因。从距今约 5 000 年的良渚文化、北宋年间杭州书肆刻工毕昇发明活字印刷技术，到近现代杭州被联合国教科文组织授予“工艺与民间艺术之都”称号，杭州拥有一批具有深厚历史文化底蕴的老字号企业，汇聚了一大批知名工艺美术大师。设立“工匠日”，有利于将优秀工匠基因延续、放大，使工匠精神与杭州人文深度融合，丰富杭州独特韵味和别样精彩的城市内涵。

“工匠日”为什么定在9月26日？

之所以选择9月26日，是因为在1937年的9月26日，著名桥梁专家茅以升主持设计的，也是中国自行设计和建造的第一座铁路、公路两用桥——钱塘江大桥建成通车。这是杭州跨时代的杰作，更是工匠精神的结晶，至今依然是巍然耸立在钱塘江上的标志性建筑。将9月26日设立为“工匠日”，充分体现了工匠精神的时代性、历史性、民族性、传承性，既是对杭州历史上工匠精神的致敬，又是对杭州“世代匠心”传承的激励。

“工匠日”还有自己的标志（见图2-3）。该标志以“工匠日”三个汉字为原型，整体以印章篆刻效果为主，阐述了杭州工匠精神的传承与积淀。标志中隐含字母H，是“杭”字拼音首字母，代表魅力之城杭州。标志中既有“9·26”的形体，又有“工匠日”的字形，突出了工匠精益求精、精雕细琢、追求完美、力争极致的品质精神。

图2-3 “工匠日”标志

项目二任务三

知识测验

任务实施

1. 请结合课堂和教材学习内容，通过网络信息检索、图书文献查阅、多媒体影片观看、博物馆参观、实物观察、人物访谈等方式，阐述传统工匠精神的历史沿革、中国新时代工匠精神的科学内涵与价值意蕴。

班级＿＿＿＿ 姓名＿＿＿＿ 学号＿＿＿＿

2. 寻找身边的工匠并进行访谈，结合工匠精神的内涵，讲述典型人物故事（500 字左右）。

项目三 和谐劳动事关你我：劳动者权益保障

知识目标

1. 了解劳动关系与劳动法的基本概念
2. 区别劳动关系和劳务关系
3. 掌握处理劳动争议的方法
4. 掌握社会保险的概念
5. 了解组织和劳动组织的内涵
6. 区别传统劳动组织和现代劳动组织
7. 了解劳动组织的功能

技能目标

1. 能完成一次模拟仲裁活动
2. 能准确描述三种劳动争议的解决步骤

素质目标

1. 增强法律意识和维权意识
2. 培养良好的职业素养和法律素养
3. 增强对劳动组织的归属感

任务一 劳动关系与劳动法

任务导引

★ 在校大学生劳动合同纠纷案 ★

21 岁的小丽（化名）系某财经大学大四学生，A 公司是一家专注于美容养生领域的有限责任公司。2022 年 6 月 1 日，在大学毕业前夕，小丽主动向 A 公司求职，A 公司接受其入职申请并安排工作岗位。2022 年 6 月 1 日至 2023 年 2 月 28 日，小丽根据 A 公司安排从事美容养生相关工作，工作时长为每天 8 小时。其间，A 公司为小丽安排了相关技能培训。后 A 公司向小丽支付工作期间 9 个月的工资，共计 21 273 元，其中第一个月工资为 2 200 元。2023 年 3 月 1 日，小丽以另求职于其他公司为由，与 A 公司协商后离职。2023 年 5 月，小丽以 A 公司未与其签订书面劳动合同、未缴纳社会保险为由，申诉至当地劳动人事争议仲裁委员会，要求 A 公司支付双倍工资差额 19 073 元及经济补偿金 2 364 元。劳动人事争议仲裁委员会经审理认为，双方并非劳动关系，驳回了小丽的仲裁请求。小丽不服该裁决并诉至人民法院，要求 A 公司支付上述双倍工资差额及经济补偿金。A 公司抗辩称：双方之间不存在劳动关系，小丽系在校大学生，在 A 公司仅为学徒工，并非适格劳动关系主体，不具备签订劳动合同的条件，也不符合支付经济补偿金的情形，不同意支付双倍工资差额及经济补偿金。小丽的诉求能获得法律支持吗？

人民法院经审理认为，本案系一起劳动合同纠纷，争议焦点在于小丽与 A 公司之间是否构成劳动关系。《关于贯彻执行〈中华人民共和国劳动法〉若干问题的意见》（劳部发〔1995〕309 号）第十二条规定：“在校生利用业余时间勤工助学，不视为就业，未建立劳动关系，可以不签订劳动合同。”本案中，小丽并非勤工助学，不符合该条规定的限制前提。分析双方是否构成劳动关系，应主要考虑劳动者与用人单位之间是否存在人身、财产等方面的隶从属性。本案中，小丽从事的美容养生工作系 A 公司的主营业务，符合劳动关系中的组织从属性；小丽接受 A 公司的考勤管理，其提供劳动具有连续性，而非一次性，符合劳动关系中的人身依附性；A 公司向小丽支付报酬，符合劳动关系中的经济隶属性。综上，双方之间具备劳动关系的一般特征，构成劳动关系。A 公司未与小丽签订劳动合同，违反了《中华人民共和国劳动合同法》第八十二条的规定，扣除一个月宽限期，A 公司应当向小丽支付双倍工资差额 19 073 元（21 273 元 −2 200 元）。小丽离职原因不符合经济补偿金的支付情形，其主张经济补偿金欠缺依据，人民法院不予支持。

根据《关于贯彻执行〈中华人民共和国劳动法〉若干问题的意见》第十二条的相关规定，调整对象仅限于在校学生的勤工助学行为，并不当然排除在校大学生的劳动权利，更不能否定在校大学生的劳动关系主体资格。人民法院在审判实践中，一般依据“从属性＋要素式”思路来认定劳动关系，而不能以“兼职”或“实习生”为依据，简单否定双方之间的劳动关系。

若在校大学生与用人单位建立起长期、稳定的劳动关系，遵循用人单位规章制度、接受用人单位管理、从事用人单位安排的工作、有明确的岗位并接受用人单位支付的经济报酬，则双方之间实际上建立了劳动关系；若在校大学生是以实践课堂知识、参加工作实习为目的，不求取劳动报酬，或者通过短期、不定期劳务获得一定勤工俭学性质的报酬，则不应认定双方建立了劳动关系。

任务描述

党的二十大报告提出的促进高质量充分就业、完善分配制度、健全社会保障体系、完善劳动关系协商协调机制、健全劳动法律法规、加强灵活就业和新就业形态劳动者权益保障等内容，是构建新时代中国特色和谐劳动关系的重要任务。在现代社会中，劳动关系是我们每一个人都将面对的重要课题。无论是企业员工还是自主创业者，了解并掌握劳动关系的基本知识都是非常重要的。劳动关系不仅关乎劳资双方的权利和义务，还涉及劳动合同的签订与履行、劳动争议的解决等诸多方面，对大学生的职业生涯发展也有着重要的影响。

本任务的具体要求如下：（1）了解劳动关系、劳动法、劳动合同的基本概念；（2）理解劳动关系的特点；（3）理解劳动关系与劳务关系的区别；（4）掌握劳动法的基本原则；（5）了解劳动争议的处理方法。

任务知识

一、劳动关系

（一）劳动关系的概念

从广义上讲，劳动关系是指劳动主体在实现集体劳动的过程中彼此之间发生的社会关系，包括劳动力的使用关系、劳动管理关系、劳动服务关系等。

从狭义上讲，劳动关系是指根据劳动法中所规定的调整对象，劳动者与用人单位之间依劳动法规定形成的，在劳动过程中为实现彼此利益且以权利和义务为内容的法律关系。

本项目学习的劳动关系，限于被纳入我国法律调整范围的劳动关系。

（二）劳动关系的特点

（1）劳动关系的主体是特定的。一方是为用人单位提供劳动力的自然人，即劳动者；另一方是依法聘用和管理劳动者，对劳动者承担义务的主体，即用人单位。劳动关系只能在劳动者和用人单位之间产生。

（2）劳动者和用人单位之间存在平等性和从属性。平等性是指劳动关系的双方当事人，在法律上享有平等的权利，劳动者向用人单位提供劳动或服务，用人单位支付劳动报酬，双方的权利和义务在平等、自愿的基础上通过劳动合同约定。从属性是指劳动者的地位从属于管理者，劳动者的组织关系、经济地位依赖于用人单位，劳动者在工作环节上要服从用人单位的安排。

（3）劳动者为实现用人单位的劳动过程而劳动。劳动关系是基于职业的、有偿的劳动而发生的。

（三）劳动关系的产生、变更和终止

劳动关系是通过劳动合同建立的。劳动合同是一种双务合同，故劳动关系变更应由双方协商一致。发生法定情形之一的，劳动关系依法终止。引起劳动关系产生、变更和终止的原因，是发生一定的法律事实，包括行为和事件。

1. 劳动关系的产生

订立劳动合同是确立劳动关系的主要标志，是用人单位和劳动者各自的法定义务。劳动合同是证明劳动关系存在的主要书面依据。《中华人民共和国劳动合同法》第十条规定："建立劳动关系，应当订立书面劳动合同。已建立劳动关系，未同时订立书面劳动合同的，应当自用工之日起一个月内订立书面劳动合同。"

2. 劳动关系的变更

在劳动合同履行过程中，当用人单位生产经营状况发生变化，或者劳动者本人的情况发生变化致使原劳动合同无法履行时，应当变更劳动合同中的工作内容、岗位以及劳动保护、劳动条件、工资报酬等有关条款。经双方协商一致的，修改或补充原劳动合同相关条款，从而变更劳动关系。劳动合同变更，是变更劳动合同内容，不包括变更劳动合同当事人。导致劳动合同变更的情形，主要是劳动合同订立时所依据的客观情况发生了重大变化。劳动合同变更的原因有二：一是劳动者的原因导致劳动合同变更，二是用人单位的原因导致劳动合同变更。

3. 劳动关系的终止

劳动关系的终止，是指劳动关系主体之间原先设立的劳动关系依法解除或结束。劳动关系的终止是劳动权利和劳动义务的消灭。例如：当事人双方协商或单方依法解除劳动关系，劳动合同期限届满而终止劳动关系，劳动者死亡或用人单位破产倒闭而终止劳动关系等。

延伸阅读

事实劳动关系

劳动关系的建立以存在事实劳动为标志，与是否签订劳动合同没有必然联系。《中华人民共和国劳动合同法》第七条规定："用人单位自用工之日起即与劳动者建立劳动关系。"

根据《关于确立劳动关系有关事项的通知》的规定，用人单位招用劳动者未订立书面劳动合同，但同时具备下列情形的，劳动关系成立：（1）用人单位和劳动者符合法律、法规规定的主体资格；（2）用人单位依法制定的各项劳动规章制度适用于劳动者，劳动者受用人单位的劳动管理，从事用人单位安排的有报酬的劳动；（3）劳动者提供的劳动是用人单位业务的组成部分。

用人单位未与劳动者签订劳动合同，认定双方存在劳动关系时可参照下列凭证：（1）工资支付凭证或记录（职工工资发放花名册）、缴纳各项社会保险费的记录；（2）用人单位向劳动者发放的“工作证”“服务证”等能够证明身份的证件；（3）劳动者填写的用人单位招工招聘“登记表”“报名表”等招用记录；（4）考勤记录；（5）其他劳动者的证言等。其中，（1）、（3）、（4）项的有关凭证由用人单位负举证责任。

因此，大学生在实习过程中，如果以就业为目的，并且与用人单位之间存在长期、稳定的劳动关系，遵循用人单位规章制度、接受用人单位管理、从事用人单位安排的工作、有明确的岗位并接受用人单位支付的经济报酬，那么双方实际上建立了劳动关系。在这种情况下，即使大学生尚未毕业，只要其与用人单位签订了劳动合同，明确了工作岗位、劳动报酬、试用期、加班工资待遇以及发生劳动争议可申请劳动争议仲裁等内容，且这些行为和约定完全符合劳动合同的全部构成要件，那么大学生主张与用人单位之间构成劳动关系，就是有法律依据的。

（四）劳动关系和劳务关系的区别

劳动关系和劳务关系的区别如表 3–1 所示。

表 3–1　劳动关系和劳务关系的区别

区别	劳动关系	劳务关系
适用法律	劳动法、劳动合同法	民法、合同法或经济法
法律责任	民事责任、行政责任	民事责任
纠纷处理	劳动仲裁后方可提起诉讼	可直接提起诉讼
主体资格	一方是用人单位，另一方是劳动者	双方都可以是自然人、法人、非法人组织
主体关系	经济关系、人身关系（隶属关系）	经济关系
主体待遇	工资、社保、福利等	劳动报酬
报酬原则	同工同酬、不低于最低工资标准	双方约定
报酬方式	工资	劳务费
雇主义务	遵守劳动法律、法规，缴纳社保等	双方约定
工作时间	按照劳动法律、法规安排员工休息、休假	双方约定
伤亡处理方式	符合工伤认定的，按此处理	过错方承担赔偿责任

延伸阅读

如何认定网络主播与文化传播公司之间是否存在劳动关系？

李某大学毕业后，于2023年11月29日与某文化传播公司订立了为期2年的《艺人独家合作协议》，其中约定：李某聘请某文化传播公司为其经纪人，某文化传播公司为李某提供网络主播培训及推广宣传服务，将其培养成为知名的网络主播；在合同期内，某文化传播公司为李某提供整套直播设备和直播室，负责安排李某的全部直播工作及直播之外的商业或非商业公众活动，全权代理李某进行商业或非商业公众活动；李某有权参与某文化传播公司安排的商业活动的策划过程、了解直播收支情况；李某直播内容和时间均由其自行确定，其每月可获得各直播平台后台礼物5 000元以及基本收入2 600元，超过5 000元部分由某文化传播公司和李某进行四六分成，超过9 000元部分进行三七分成，超过12 000元部分进行二八分成。从事直播活动后，李某按照某文化传播公司要求入驻2家直播平台，双方均严格履行协议约定的权利和义务。李某每天直播时长、每月直播天数均不固定，月收入均未超过3 500元。

2024年3月31日，李某因直播收入较低，单方解除《艺人独家合作协议》，并以某文化传播公司未缴纳社会保险费为由要求某文化传播公司向其支付解除劳动合同经济补偿。某文化传播公司以双方之间不存在劳动关系为由拒绝支付。李某向仲裁委员会申请仲裁，仲裁委员会裁决双方之间不存在劳动关系。李某不服仲裁裁决，诉至人民法院。

案例争议焦点是，某文化传播公司对李某的管理是否属于劳动管理？某文化传播公司虽为李某的经纪人，也安排李某从事为其创造直接经济收益的直播活动，但其主要目的是通过培训、包装、宣传、推广等手段使李某成为知名的网络主播；李某的直播时间及内容由其自主决定，其他相关活动要求等由双方协商确定，李某对其个人包装、活动参与等事项有协商权，对其创造的经济收益有知情权；双方以李某创造的经济收益为衡量标准，约定了阶梯式的收益分成方式。因此，双方之间的法律关系体现出平等协商的特点，并未体现出《关于确立劳动关系有关事项的通知》中规定的劳动管理及从属性特征，应当认定为劳务关系。

一审人民法院判决：李某与某文化传播公司之间不存在劳动关系。人民法院对于李某提出确认劳动关系并支付解除劳动合同经济补偿的诉求，不予支持。李某不服一审判决，提起上诉。二审人民法院判决：驳回上诉，维持原判。

资料来源：中华人民共和国人力资源和社会保障部调解仲裁管理司案例．

二、劳动法

（一）劳动法的概念

劳动法是以劳动关系为调整对象的法律规范，是以保护劳动者为主要宗旨的法律。劳动法自产生以来，一直对社会、经济的发展起到巨大作用。劳动法不仅能维护劳动者的合法权益，还是预防和解决劳动争议的必要手段，对劳动力市场的运作具有不可替代的作用。在实际工作生活中，劳动法并非独立存在，它与其他法律有着互相关联和相互制约的关系，如劳动合同法、就业促进法、劳动争议调解仲裁法、社会保险法、工资法等。它们共同构成了一个复杂的劳动法律网络，以全面保护劳动者的权益和促进社会经济的稳定发展。

（二）劳动法的基本原则

劳动法的基本原则，是指集中体现劳动法的基本价值和精神，在指导劳动法体系和调整劳动领域利益关系时应遵循的基本准则。

1. 保护劳动者合法权益原则

劳动法以保护劳动者合法权益为其根本任务和宗旨。《中华人民共和国劳动法》的立法目的就是保护劳动者的合法权益，调整劳动关系，建立和维护适应社会主义市场经济的劳动制度，促进经济发展和社会进步。劳动法是向劳动者赋权的法。劳动者依法享有劳动报酬权、劳动安全卫生权、休息权、职业技能培训权、社会保险权、社会福利权等。

延伸阅读

休过探亲假、婚假、产假等是否不能再享受年休假?

劳动者小毛于 2023 年 7 月入职某公司工作，2024 年 4 月至 8 月休了 4 个月的产假。2024 年 11 月，小毛因需要外出处理个人事务，于是向公司递交了休 5 天年假的申请，不料被拒绝。原来，公司员工守则规定：当年已休产假、探亲假等法定假期的员工，不再享受年休假。员工如果要请假，就只能请事假，而这将导致奖金和年终奖减少。请问：公司的这一做法是否合法?

案例分析：公司的做法不合法。根据《企业职工带薪年休假实施办法》第六条的规定，职工依法享受的探亲假、婚丧假、产假等国家规定的假期以及因工伤停工留薪期间不计入年休假假期。这意味着，小毛在享受婚假等其他假后，仍然有资格享受年休假。此外，根据《职工带薪年休假条例》，职工累计工作已满 1 年的，均有资格享受带薪年休假，年休假的天数根据职工累计工作时间确定。职工在同一或者不同用人单位从事全日制工作期间，以及依照法律、行政法规或者国务院规定视同工作期间，应当计入累计工作时间。

因此，小毛休完婚假、产假和探亲假后，只要符合上述条件，仍然可以享受年休假。

资料来源：产假、探亲假等法定假期可以冲抵年休假吗？［EB/OL］.（2023-12-21）［2025-05-02］锦州市人力资源和社会保障局网站.

2. 劳动合同自由与政府适度干预相结合原则

劳动合同自由是完善劳动力市场的必备条件。在现代市场经济条件下，合同关系是基本的法律关系。在劳动市场上，所有市场主体不仅是独立的，而且法律地位平等，任何一方当事人均不得将自己的意志强加于另一方当事人。劳动者出卖劳动力，用人单位通过货币交换获得劳动力使用权。双方当事人通过签订劳动合同、履行劳动合同，来实现各自的利益和需求。没有劳动合同自由，就不可能建立真正的劳动力市场。

政府的适度干预是必不可少的。从社会法的角度观察，劳动者与用人单位相比，始终都处于弱势地位，即使对于高端的劳动者而言，仍存在更强势的用人单位。无论是在劳动力市场供求平衡的情况下，还是在供大于求的情况下，政府对劳动合同的适度干预是维持劳资双方基本利益平衡的必要条件。国家通过劳动立法强制用人单位承担劳动安全卫生保障义务，规定最低工资标准、社会保险缴费责任等，劳动合同不得违反这些强制性规定。

延伸阅读

企业可以“末位淘汰”员工吗？

张某于2022年5月1日应聘进入某房产公司从事房产销售工作，约定月薪为3 500元，提成根据销售情况另行计算。2022年7月1日，该房产公司制定了公司制度，制度载明：公司将自2022年7月起根据员工的销售业绩及平时表现，每月进行综合考核，实行末位淘汰制；如果连续6次处于末位，则被淘汰，被淘汰者视为自动离职，公司不支付任何经济补偿。之后，公司进行了多次销售培训。

由于张某自入职以来一直没有销售业绩，始终处于考核末位，且张某明确拒绝调岗，公司决定于2023年7月31日与张某解除劳动关系，并提前30日以书面形式通知了张某。张某认为公司违法解除劳动关系，遂提请仲裁，请求公司支付解除劳动关系经济补偿金。公司不服仲裁裁决，遂提起诉讼。公司认为其解除与张某的劳动关系属于用人单位的用工自主权，符合公司制度章程，不应支付经济补偿金。请问：公司的这一做法是否合法？

案例分析：人民法院经审理认为，公司对张某进行了多次培训，但张某自入职后一直没有销售业绩，也明确表示拒绝调岗。根据相关规定，用人单位可以解除劳动关系，但应向劳动者支付经济补偿金，故在张某经培训仍不能胜任工作的情况下，公司履行了提前 30 日告知义务，双方劳动关系解除，判决用人单位向张某支付经济补偿金。

"末位淘汰"是企业进行绩效考核、激发员工工作潜能、提高员工工作效率的一种管理制度。但值得注意的是，末位仅是排名，并不是考核，处于末位不等同于不能胜任工作，所以"末位淘汰"不符合《中华人民共和国劳动合同法》有关可以解除劳动关系的法定情形，公司规章制度约定"末位淘汰"亦属无效。

资料来源：赵贝，张森，冉义平．员工业绩"末位"被辞退，法院："末位淘汰"无效［EB/OL］.（2024-05-05）［2025-04-27］极目新闻（楚天都市报官方账号）.

3. 平等保护与特殊照顾相结合原则

平等保护是指平等地保护所有劳动者。首先，全体劳动者待遇平等。这主要表现为同工同酬和其他劳动待遇平等。其次，反对基于性别、户籍、年龄、民族、财产、宗教信仰等因素的歧视。特殊照顾是指对未成年工、女职工在工种、劳动时间、劳动强度等方面给予一定的照顾。

延伸阅读

企业能因女职工产假、哺乳期未完成业绩目标而对其降职降薪吗？

宋某入职某投资公司担任财富经理，2018 年起工资涨至每月 12 000 元。投资公司《营销类员工考核管理条例》载明，任意季度考核不合格的员工，应降低一档职级。宋某于 2018 年 9 月至 2019 年 2 月期间休产假，投资公司认为其于 2018 年 9 月至 2019 年 10 月的考核业绩不合格，故于 2019 年 7 月、9 月两次对其降职降薪。

宋某以投资公司未及时足额支付劳动报酬为由离职，后提起劳动仲裁，要求投资公司支付工资差额、经济补偿等。仲裁裁决支持宋某后，投资公司不服，起诉至人民法院。请问：投资公司的这一做法能得到人民法院支持吗？

案例分析：保障妇女的合法权益是全社会的共同责任。《中华人民共和国妇女权益保障法》第四十八条规定，用人单位不得因结婚、怀孕、产假、哺乳等情形，降低女职工的工资和福利待遇。而投资公司以宋某在产假、哺乳期未完成预定业绩而对其降职降薪，实质是降低产假、哺乳期女职工的工资和福利待遇，客观上损害了宋某在特殊时期应当享受的合法权益。一审人民法院经审理认为，投资公司依据其对宋某产假、哺乳期的业绩考核径行降低宋某职级及薪资缺乏依据。投资公司未按产假前工资标准足额支付劳动报酬，宋某主张经济补偿于法有据。据此，人民法院一审判决，投资公司向宋某支付工资差额约 1.3 万元、经济补偿 5.3 万余元。一审判决后，双方均未提起上诉。

资料来源：万承源 . 江苏探索：女职工休产假，部门绩效考核也“减负”[EB/OL] .（2024-03-15）[2025-04-30] 扬子晚报网 .

4. 各尽所能和按劳所得原则

各尽所能是按劳所得的前提。每个劳动者的劳动能力不尽相同。尚未建立劳动关系的劳动者，有权选择适合自己的用人单位，尽可能发挥个人的能力和特长，实现劳动力与生产资料的最佳结合。对于已经建立劳动关系的劳动者，用人单位应当不断改进劳动组织和管理，尽可能发挥劳动者的劳动积极性和能力，实现双赢。

按劳所得是社会资源分配中的原则之一。劳动者有权按照其提供的劳动的质量和数量，获得相应的劳动报酬和其他劳动福利待遇。

延伸阅读

完不成业绩，员工所得工资能低于当地最低工资标准吗？

小李于 2023 年 3 月进入一家服装公司工作，包吃包住，工资是计件制，每月完成基本定额，就可拿到基本工资，超出部分另付奖金。但是上个月，他没有完成基本定额，公司在发工资时扣除了原本由公司承担的食宿费用。小李到手的工资还达不到当地最低工资标准。请问：公司这么做是不是违法了？

案例分析：不合法。根据《中华人民共和国劳动法》第四十八条的规定，用人单位支付劳动者的工资不得低于当地最低工资标准。案例中的小李虽然没能完成用人单位的工作规定，但并不影响认定小李提供了正常的劳动。公司发放的工资低于最低工资标准，违反了法律规定。

三、劳动合同

（一）劳动合同的概念

劳动合同是整个劳动关系的核心，劳动合同法是调整用人单位和劳动者订立、履行、变更、解除和终止劳动合同的行为的法律规范的总称。我国制定《中华人民共和国劳动合同法》的宗旨在于完善劳动合同制度，明确劳动关系双方的权利和义务，保护劳动者的合法权益，构建和发展和谐稳定的劳动关系。

（二）劳动合同的特征

（1）劳动合同的主体是特定的。劳动合同的主体一方是用人单位，另一方是劳动者，在实现劳动的过程中，劳动者在身份上、组织上、经济上从属于用人单位。

（2）劳动合同的内容是双方当事人根据法律规定，在平等自愿、协商一致的基础上约定的劳动权利和义务，基于双方当事人的强弱差异和劳动关系的外部效应，需要对劳动合同做政府和社会干预。劳动合同的许多内容必须遵守国家的法律规定，如工资、保险、安全生产等。此外，《中华人民共和国劳动合同法》等相关劳动法律规范对劳动合同的必备条款也做了明确规定，劳动合同的契约自由，尤其是用人单位的意思自治受到限制。值得注意的是，限制用人单位的意思自治是为了保障劳动者享有充分的意思自治。

（3）劳动合同是最大诚信合同。劳动合同关系的建立依赖于合同双方当事人的高度信任，必须由合同双方当事人亲自履行，不得代理和继承。如果双方失去信任，劳动合同关系便难以维系。

（4）劳动合同具有法定形式且其条款多具有弹性。劳动合同一般应采用书面形式，只有在法律规定的特殊用工形式中，才可以采用口头形式。由于劳动合同在订立时，难以预料未来劳动合同履行过程中的不确定因素，因此劳动合同条款多具有弹性，劳动合同的功能也主要是启动和确立劳动关系。

（三）劳动合同的成立、生效和无效

1. 劳动合同的成立

用人单位与劳动者因达成协议而建立劳动合同关系，双方在劳动合同上签字或者盖章，即代表劳动合同成立。但是，劳动合同的成立并不意味着劳动合同的生效。

2. 劳动合同的生效

用人单位与劳动者签订具备合同生效要件（包括合同主体合法、合同内容合法、意思表示真实、合同形式合法、订立程序合法）的劳动合同，即代表劳动合同生效。只有满足劳动合同生效要件要求的劳动合同才具有法律效力且对签订双方具有法律约束力。

3. 劳动合同的无效

劳动合同由于缺少有效要件而全部或者部分不具有法律效力，即代表劳动合同无效。一般劳动合同一旦依法成立，就具有法律拘束力；但是无效劳动合同即使成立，也不具有法律拘束力，不发生履行效力。

《中华人民共和国劳动合同法》第二十六条规定："下列劳动合同无效或者部分无效：（一）以欺诈、胁迫的手段或者乘人之危，使对方在违背真实意思的情况下订立或者变更劳动合同的；（二）用人单位免除自己的法定责任、排除劳动者权利的；（三）违反法律、行政法规强制性规定的。"

延伸阅读

劳动合同中的禁止结婚约定无效

24 岁的张小姐与北京某咨询管理公司签订了一份劳动合同，双方约定，考虑到咨询管理公司的工作性质，张小姐在 3 年合同期内不得结婚，否则以自动离职处理并要支付违约金 5 000 元。

但张小姐的恋爱已经谈了5年，深得双方父母的认可，两家人都将结婚提上日程，尤其是张小姐的男朋友，态度非常坚决："如果今年再不结婚，就分手。"不堪压力的张小姐只得向公司表明了自己的想法，可公司根本不同意："当时是签订了合同的，如果非要结婚，就要按照劳动合同的约定，支付违约金5 000元。"

案例分析：婚姻自由作为《中华人民共和国宪法》规定的公民基本权利之一，任何组织或个人都不得干涉，企业也不例外。在人事管理实践中，很多企业出于内部管理的需要，往往会在劳动合同中约定严禁办公室恋爱、不容许结婚和怀孕等不合法的条款，而这类条款都不具有法律效力。依据《中华人民共和国劳动合同法》的规定，劳动合同排除劳动者权利或违反法律、行政法规强制性规定的条款无效或部分无效。劳动合同无效须由劳动争议仲裁机构或者人民法院确认。

四、劳动争议

劳动争议是指劳动关系当事人之间因劳动的权利与义务发生分歧而引起的争议。劳动争议是现实中较为常见的纠纷。用人单位与劳动者建立劳动关系后，一般都能认真合作，履行劳动合同。但由于各种原因，双方之间产生纠纷也是难以避免的。我国对劳动争议的处理采取的是重调解，保护劳动者利益，维持劳动关系和谐稳定的原则，为此构建了协商、调解、仲裁和诉讼四种途径解决劳动争议（见图3–1）。

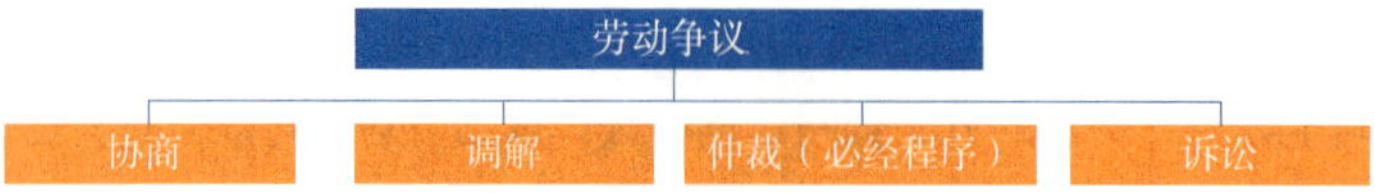

图3–1 劳动争议解决途径

《中华人民共和国劳动争议调解仲裁法》第五条规定："发生劳动争议，当事人不愿协商、协商不成或者达成和解协议后不履行的，可以向调解组织申请调解；不愿调解、调解不成或者达成调解协议后不履行的，可以向劳动争议仲裁委员会申请仲裁；对仲裁裁决不服的，除本法另有规定的外，可以向人民法院提起诉讼。"因此，协商和调解并非必经程序，但为解决纠纷起到了很好的分流和疏导作用；而仲裁是处理劳动争议诉讼的前置程序，劳动争议案件必须经过仲裁才能提起诉讼。此外，为了便于当事人维权，人力资源和社会保障部提供了"互联网＋调解"服务平台，提供劳动人事争议调解网上申请、案件处理进展查询和法律法规政策查询等服务。通过该平台，当事人可以更加便捷地处理劳动争议。

项目三任务一
知识测验

任务实施

根据劳动法的相关内容，依照下表中的主题提示，举出对应的例子。本任务的实施可通过网络信息检索、查询等途径开展。

序号	主题	例子
1	保障劳动者权益	
2	劳动合同自由	
3	政府适度干预	
4	特殊照顾	

班级　　　　姓名　　　　学号

任务二 社会保障

任务导引

★“五险一金”的保障作用★

小李是深圳某高校通信工程专业的一名学生。经过专科三年勤奋努力的学习与实践，他以优异的学习成绩、多次主持大学生创新项目的经历和若干项发明专利，在毕业季同时被多家用人单位选中，让同龄人羡慕不已。

面对各方伸出的橄榄枝，小李一时之间有些拿不定主意：A公司的老板看中了他读书期间主持若干创新项目的经历，想邀请他作为主要负责人，组建一个创业团队，每月向其发放10 000元（税前）工资，待条件成熟时再成立子公司。届时将由小李担任首席技术官，但暂时无法为其缴纳“五险一金”；B公司是一家规模较大的知名企业，愿意招聘他为管理培训生，起薪8 000元（税前），并按国家规定为其缴纳“五险一金”，此外还将提供企业年金、补充医疗保险等一系列福利。

小李的叔叔建议他接受A公司的邀请，毕竟A公司发的钱比较多。小李的叔叔说：“年轻人刚参加工作，正是需要花钱的时候，缴纳‘五险一金’反而会让到手的钱变少。B公司税前工资8 000元，实际到手的工资还不到7 000元。”小李的婶婶则认为，大企业更有保障，“五险一金”能减轻其在深圳就医、租房等日常消费支出方面的压力。

作为社会保障体系的有机组成部分，“五险一金”到底是什么？它对于即将进入劳动力市场的大学生有何意义呢？

资料来源：刘向兵．大学生劳动教育通识［M］．北京：高等教育出版社，2022：130.

任务描述

社会保险是政府通过立法强制实施，由劳动者、劳动者所在的工作单位或社区以及国家三方面共同筹资，帮助劳动者及其亲属在遭遇年老、疾病、工伤、失业、生育等风险时，防止收入的中断、减少和丧失，以保障其基本生活需求的社会保障制度。社会保险由国家成立专门的机构进行基金的筹集、管理及发放，不以营利为目的。社会保险一般包括基本养老保险、基本医疗保险、工伤保险、失业保险和生育保险，即我们通常所说的“五险”。

本任务的具体要求如下：（1）理解社会保险制度的概念；（2）理解社会保险的概念和属性；（3）了解社会保险的种类。

任务知识

一、社会保险的概念

社会保险是与劳动风险相对应的概念。劳动者以劳动为谋生手段，在其因工或因年龄等生理因素完全或部分丧失劳动能力，暂时或永久丧失劳动机会，从而完全不能劳动、不能正常劳动或暂时中止劳动的情形下，就会面临失去主要生活来源的风险，即劳动风险。为了确保劳动者的生存和劳动力的再生产，国家和社会采取的通过给予一定物质帮助使其至少能维持基本生活需要的制度称为社会保险制度。社会保险作为一种社会保障形式，在整个社会保障体系中处于核心地位。

二、“五险一金”制度

党的二十大报告指出，健全覆盖全民、统筹城乡、公平统一、安全规范、可持续的多层次社会保障体系。如今，我国已建成世界上规模最大的教育体系、社会保障体系、医疗卫生体系，极大提升了人民群众的获得感、幸福感、安全感，实现了共同富裕的新成效。这一过程中，“五险一金”作为社会保障体系的重要组成部分，发挥了关键作用。“五险一金”体系的完善，不仅为人民群众提供了全面的经济保障，也进一步完善了社会保障体系，使经济社会发展的成果能够更加公平地惠及全体人民，实现了更高水平的共同富裕。

（一）基本养老保险

基本养老保险又称老年保险，是社会保障制度的重要组成部分，是社会保险五大险种中最重要的险种。基本养老保险制度是国家和社会根据一定的法律和法规，为解决劳动者在达到国家规定的解除劳动义务的劳动年龄界限，或因年老丧失劳动能力退出劳动岗位后的基本生活而建立的一种社会保险制度。

延伸阅读

人社部关于社保缴费基数的规定

人社部关于社保缴费基数的规定主要依据《中华人民共和国社会保险法》。社保缴费基数是企业和职工个人用于计算缴纳社会保险费的工资基数，具体规定如下。

一、缴费基数的确定

1. 职工个人的缴费基数：原则上以本人上年度工资收入总额的月平均数作为本年度月缴费基数。对于新进单位的员工，则以起薪当月的足月工资收入作为缴费基数。

2. 单位的缴费基数：以本单位全部参保职工月缴费基数之和作为单位的月缴费基数。

二、缴费基数的上下限规定

1. 缴费基数上限：职工工资收入超过上一年省、市在岗职工月平均工资算术平均数 300% 以上的部分，不计入缴费基数。

2. 缴费基数下限：职工工资收入低于上一年省、市在岗职工月平均工资算术平均数 60% 的，以上一年省、市在岗职工月平均工资算术平均数的 60% 为缴费基数。

这些规定确保了社保缴费的公平性和可持续性，既保障了职工的基本权益，又考虑了企业的负担能力。同时，通过设定缴费基数的上下限，避免了过高或过低的缴费情况，维护了社保制度的稳定运行。以上规定可能会因地区和政策的不同而有所差异。在实际操作中，应根据当地的具体规定和政策执行。

（二）基本医疗保险

基本医疗保险是指为被保险人治疗疾病时发生的医疗费用提供保障的保险，是职工在患病、负伤、生育时，由社会或企业提供必要的医疗服务或物质帮助的一种社会保险制度。一般来讲，职工的医疗费用由国家、单位和个人共同负担。

（三）工伤保险

工伤保险是指国家或社会为在生产、工作中遭受事故伤害和患职业性疾病的劳动者及其家属提供医疗救治、生活保障、经济补偿、职业康复等物质帮助的一种社会保险制度。

延伸阅读

员工在上下班途中发生交通事故算工伤吗？

小张大学毕业后在上海一家广告公司担任设计师。一天早上，下着大雨，小张像往常一样骑电瓶车去上班。在经过一个路口时，由于雨衣被风刮起遮挡视线，小张与另一辆电瓶车发生碰撞不慎摔倒，左腿骨折。经交警部门认定，小张负事故主要责任。事后小张向当地人力资源和社会保障部门申请工伤认定和工伤保险待遇。请问：小张的工伤申请会得到支持吗？

案例分析：根据《上海市工伤保险实施办法》第十四条规定："从业人员有下列情形之一的，应当认定为工伤：（一）……（六）在上下班途中，受到非本人主要责任的交通事故或者城市轨道交通、客运轮渡、火车事故伤害的；……"也就是说，在上下班路上受伤要被认定为工伤，必须满足三个条件：在上下班途中受伤，受伤原因为交通事故，在交通事故责任认定中本人承担非主要责任。比如，从业人员骑电瓶车在下班途中与另一辆电瓶车发生碰撞，经交警认定其在事故中负主要责任，此时不满足上述第三个条件。因此，小张不能被认定为工伤。

（四）失业保险

失业保险是指国家通过立法强制实行的，由社会集中建立基金，对因失业而暂时中断生活来源的劳动者提供物质帮助的一种社会保险制度。它是社会保障体系的重要组成部分，是社会保险的主要项目之一。

（五）生育保险

生育保险是通过国家立法，在女职工因生育子女而暂时中断劳动时由国家和社会及时给予生活保障和物质帮助的一种社会保险制度。其宗旨在于通过提供生育医疗服务和产假，维持、恢复和增进生育妇女的身体健康，并使婴儿得到精心的哺育。

（六）住房公积金

住房公积金是指国家机关、国有企业、城镇集体企业、外商投资企业、城镇私营企业及其他城镇企业、事业单位、民办非企业单位、社会团体及其在职职工缴存的长期住房储金。它主要用于职工购房、建房、翻修房屋等与住房相关的支出，是国家为提高职工住房条件和支持房产市场发展而设立的制度。

综上，以“五险一金”为核心的职工社会保险体系如表 3-2 所示。

表 3-2　以“五险一金”为核心的职工社会保险体系

<table>
<tr><th colspan="9">职工社会保险体系</th></tr>
<tr><td>制度性质</td><td colspan="6">强制性</td><td colspan="2">非强制性</td></tr>
<tr><td>制度类别</td><td>基本养老保险</td><td>基本医疗保险</td><td>失业保险</td><td>工伤保险</td><td>生育保险</td><td>住房公积金</td><td>企业年金</td><td>补充医疗保险</td></tr>
<tr><td>筹资</td><td colspan="3">劳资双方</td><td colspan="2">用人单位</td><td colspan="2">劳资双方</td><td>自定</td></tr>
</table>

三、社会保险的基本属性

（一）社会性

社会保险的保障范围比较广泛，包括社会上不同层次、不同行业、不同职业的劳动者。社会保险作为一种社会政策，具有保障社会安定的职能。

（二）强制性

作为社会保险制度主干部分的国家基本保险，社会保险中由国家立法强制实行保险的项目、收费标准、待遇水平等内容，一般不由投保人和被保险人自主选择。

（三）互济性

社会保险是用统筹调剂的方法集中和使用资金，以解决劳动者由于生、老、病、死、伤残、失业等造成的生活困难。

（四）福利性

社会保险以帮助劳动者摆脱生活困难为目的，属于非营利性、公益性服务事业，缴纳保险费的多少不完全取决于风险发生的概率，享受保险待遇的水平也不完全取决于缴纳保险费的多少，而是主要依据基本生活需要来确定。国家对社会保险所需资金负有一定的支持责任。

（五）差别性

劳动者所得社会保险待遇往往由于工龄、保险事故、所缴纳的保险费等因素的不同而有所差别。

项目三任务二
知识测验

任务实施

通过对上述内容的学习，请根据你对社会保险的认识填写下表。

序号	主题	内容
1	社会保险制度	
2	社会保险的属性	
3	社会保险的种类	

班级 姓名 学号

任务三 劳动组织

任务导引

★ 国际劳工组织简介 ★

国际劳工组织是1919年根据《凡尔赛和约》，作为国际联盟的附属机构成立的，1946年成为联合国负责劳动就业、社会保障等社会事务的专门机构。其宗旨是促进充分就业和提高生活水平；促进劳资合作；改善劳动条件；扩大社会保障；保障劳动者的职业安全与卫生；获得世界持久和平，建立和维护社会正义。其组织机构主要为国际劳工大会、理事会和国际劳工局。总部设在瑞士日内瓦。

中国是国际劳工组织创始成员国之一。1944年中国被列为10个主要工业国之一，成为国际劳工组织理事会常任政府理事。1971年，国际劳工组织恢复中华人民共和国合法席位。1983年，中国正式恢复在该组织的活动。中国重视并积极参与国际劳工组织的各项活动，与其保持着良好的合作关系，出席了历届国际劳工局理事会以及国际劳工大会。截至目前，中国共批准了28项国际劳工公约，包括7项核心公约，即《同工同酬公约》《最低就业年龄公约》《禁止童工劳动公约》《就业和职业歧视公约》《强迫劳动公约》《废除强迫劳动公约》《职业安全与卫生公约》。时任国际劳工组织总干事的莱德应邀来华出席首届和第二届“一带一路”高峰论坛，2016年至2019年多次参加“1+6”圆桌对话会（中国政府与六大主要国际经济金融机构负责人会谈）。2022年12月，国际劳工组织总干事洪博应邀参加第七次“1+6”圆桌对话会。2023年6月5日至6月16日，第111届国际劳工大会在日内瓦召开，中国代表团团长、人力资源和社会保障部部长王晓萍代表中国出席会议并发言。

请查阅资料回答：截至今天，国际劳工组织共有多少个成员？

任务描述

马克思说：“在这里，结合劳动的效果要么是个人劳动根本不可能达到的，要么只能在长得多的时间内，或者只能在很小的规模上达到。这里的问题不仅是通过协作提高了个人生产力，而且是创造了一种生产力，这种生产力本必然是集体力。”[①]

---

① 马克思，恩格斯．马克思恩格斯全集：第42卷[M]. 2版．北京：人民出版社，2016：332.

马克思在《资本论》中所讲的“劳动力在生产过程中的社会结合”[①]，以及“社会劳动组织本身，从而社会劳动生产力的提高，要求生产大规模地进行，从而要求单个资本家预付大量货币资本”[②]，并不是专指企业内部的具体的劳动组织，而是泛指劳动的社会结合，即不同的社会有不同的劳动组织。

本任务的具体要求如下：（1）概述什么是组织和劳动组织；（2）区别传统劳动组织和现代劳动组织；（3）了解劳动组织的功能；（4）能够分析中国单位制度形成的原因及表现形式；（5）增强对劳动组织的归属感。

任务知识

一、组织的概念

在当今世界，人类社会的组织空前发展，其影响已深入社会政治生活、经济生活、文化生活和家庭生活等各主要的社会生活领域，可以说，组织对人类生活的渗透已经无处不在。一个人从生到死，无不处于这种或那种社会组织之中，如医院、保健院、幼儿园、学校、机关、团体、工厂、商店、企业等。

对于什么是组织这一问题，学术界有不同的看法，大多数学者认为组织是有目的地建构的。从广义上讲，组织是指由诸多要素按照一定方式相互联系起来的系统。从狭义上讲，组织是指人们为实现一定目标，互相协作结合而成的集体或团体，如党团组织、工会组织、企业、军事组织等。在现代社会生活中，人们已普遍认识到组织是人们按照一定的目的、任务和形式编制起来的社会集团。组织不仅是社会的细胞、社会的基本单元，而且可以说是社会的基础。

二、组织的构成要素

现代组织理论强调组织与外部环境的联系，把组织与环境看成是一个大系统。一个有效能的组织是由多种要素构成的完整体系，其中最基本的是组织环境、管理体系和组织文化。这三个基本要素相互结合、相互作用，共同构成一个完整的组织。

（一）组织环境

组织环境是组织的必要构成要素。组织是一个开放系统，组织内部各层级之间、各部门之间，以及组织与组织之间，每时每刻都在交流信息。任何组织都处于一定的环境中，并与环境发生着物质、能量或信息的交换。脱离一定环境的组织是不存在的。组织是在不断与外界交流信息的过程中得到发展和壮大的。

（二）管理体系

组织的管理体系包括管理主体和管理客体，管理主体相当于组织的施控系统，管理客体相当于组织的受控系统。管理主体是指具有一定管理能力，拥有相应的权

---

① 马克思，恩格斯．马克思恩格斯全集：第 45 卷 [M]. 2 版．北京：人民出版社，2003：394.

② 同①395.

威和责任，从事现实中管理活动的人或机构，也就是通常所说的管理者。管理客体是管理过程中组织所能预测、协调和控制的对象。

（三）组织文化

组织文化是组织的一个无形的构成要素。组织文化是指在一定的历史条件下，通过社会实践所形成的，并为全体成员所遵循的共同意识、价值观念、职业道德、行为规范和准则的综合，是一种特定环境中的特殊文化倾向。

三、组织的类型

我国习惯上将组织分为五种类型：（1）经济组织，即各种生产与经营商品、为社会提供生产与生活服务的营利组织，如工厂、商店、银行、农场；（2）政治组织，即各种为阶级利益服务的政党组织、政权组织和群众团体，如军队、政府、共青团；（3）教科文组织，即各种从事教育、科研、艺术、娱乐活动的组织，如学校、研究院、图书馆等；（4）社会福利组织，即各种为公共福利事业服务的组织，如医院、养老院等；（5）宗教团体，即以宗教信仰为基础而形成的社会组织。

四、劳动组织的含义

劳动组织是在合理的劳动分工的基础上，在保证安全生产和文明生产的条件下，使所有人员能协调地工作，有效地利用人力和物力资源以及工作时间，以劳动者为主体的，包括劳动者、劳动资源和劳动环境三项要素的有机系统。劳动组织是社会组织的一种类型，一方面承担了一定的社会功能，另一方面也受到社会环境的影响。

五、劳动组织的功能

劳动组织是社会经济发展的必然产物，对于社会经济的发展具有巨大的推动作用。具体说来，劳动组织有以下社会功能。

（一）组合劳动功能

单个劳动者的劳动能力是有限的，劳动者组合在一起，进行分工协作，会实现同样数量的劳动者在分散劳动时无法实现的生产能力。劳动组织的功能之一就在于组合劳动。正是劳动组织的作用，人类才可能使大桥飞架天堑，使海底贯通隧道。

（二）发展经济功能

劳动组织首先是经济组织。劳动组织通过生产商品、提供劳务，创造经济价值；通过生产生产资料和提供生产服务，促进社会经济的发展；通过运用先进技术，促进科学事业的发展。

（三）社会心理功能

劳动组织不仅能够满足其成员在职业保障、生活保障和安全保障等方面的需要，而且能通过自身及在组织中建立的各种人际关系，使成员获得社会地位、社会声望及职业成就等方面的精神满足。

（四）教育训练功能

就业以前，劳动者在家庭与学校中曾接受过一定的文化教育与思想教育；加入劳动组织以后，劳动者还有一个继续社会化的过程。在劳动组织中，劳动者会得到职业道德教育、劳动纪律教育、职业知识教育，以及工作技能的训练，从而成为合格的劳动者。

（五）社会控制功能

劳动组织将分散在四处的劳动者组织在一起，为想工作而没有工作的人提供劳动场所，起着维护社会稳定的作用。在劳动组织内部，劳动组织通过思想教育、劳动纪律和奖罚机制，对劳动者的行为实施控制，使劳动者的行为步入正轨。

项目三任务三
知识测验

学号______ 姓名______ 班级______

任务实施

人们对组织的研究是自觉的，对组织的认识发展常常可以同步甚至比组织的实践超前。请通过查阅网络文献、阅读劳动社会学相关书籍等，整理劳动组织理论及其代表人物，归纳其核心要义。

序号	劳动组织理论	代表人物及其主要观点
1	古典组织理论	
2	科学组织理论	
3	现代组织理论	
4	西方劳动组织新理论 ——劳动组合论	

项目四 构筑劳动者"防护网"：劳动安全与职业健康

知识目标

1. 了解劳动安全的概念，以及劳动安全中的事故原因和类型等级
2. 熟悉生理健康指标和心理健康标准，维护积极健康劳动心理
3. 熟悉国家和地方关于职业卫生安全的相关法律法规
4. 了解职业病的分类、诊断和防治，以及行业特定职业风险
5. 掌握工伤预防和保险的相关知识

技能目标

1. 学会一套职业保健操
2. 能够正确使用劳动防护用品
3. 能够防范实训实习安全事故，掌握应急避险措施

素质目标

1. 树立正确的健康观，形成职业健康素养
2. 增强职业安全意识，培养责任感

任务一。关注劳动安全

任务导引

★“12·30”济南施工坍塌事故★

2023 年 12 月 30 日，济南市历城区一个中心城区雨污合流管网改造和城市内涝治理大明湖排水分区 PPP 项目施工作业过程中发生一起坍塌事故，造成 3 人死亡，直接经济损失达 600 余万元。其中一名在分区项目部担任质量员的实习生，因未及时将重要停工指令传达到施工队伍，对事故的发生负有主要责任，涉嫌重大责任事故罪，被建议由司法机关依法追究刑事责任。

任务描述

随着新时代的到来，劳动方式逐渐多样化，劳动者不断通过劳动来实现自己的价值和创造财富。但在劳动过程中，他们也会面临一些人身安全风险。劳动安全是保护劳动者安全健康、保证国民经济持续发展的基本条件。我们应该努力学习劳动安全知识，树立劳动保护意识。

本任务的具体要求如下:（1）知晓劳动安全的概念，了解劳动安全中的事故原因和类型等级;（2）掌握基本的应急处理技能和自救互救技能，确保在紧急情况下能够迅速、有效地采取措施;（3）防范实训实习安全事故，掌握应急避险措施。

任务知识

一、劳动安全和安全事故

劳动安全，又称职业安全，是劳动者享有的在职业劳动中人身安全获得保障、免受职业伤害的权利。广义的劳动安全包括劳动者的人身安全和健康两部分内容。狭义的劳动安全是指在生产劳动过程中，防止中毒、车祸、触电、塌陷、爆炸、火灾、坠落、机械外伤等危及劳动者人身安全的事故发生。

（一）安全事故的定义和分类

安全事故是指生产经营单位在生产经营活动（包括与生产经营有关的活动）中突然发生的，危害人身安全和健康，或者损坏设备设施，或者造成经济损失的，导致原生产经营活动（包括与生产经营有关的活动）暂时中止或永久终止的意外事件。

按照事故原因，安全事故可划分为物体打击事故、车辆伤害事故、机械伤害事故、起重伤害事故、触电事故、淹溺事故、灼烫事故、火灾事故、高处坠落事故、坍塌事故、冒顶片帮事故、透水事故、放炮事故、瓦斯爆炸事故、火药爆炸事故、锅炉爆炸事故、容器爆炸事故、其他爆炸事故、中毒和窒息事故、其他伤害事故，共20种。

（二）事故分级

根据生产安全事故造成的人员伤亡或者直接经济损失，事故一般分为以下等级：

（1）特别重大事故，是指造成30人以上死亡，或者100人以上重伤（包括急性工业中毒，下同），或者1亿元以上直接经济损失的事故；

（2）重大事故，是指造成10人以上30人以下死亡，或者50人以上100人以下重伤，或者5 000万元以上1亿元以下直接经济损失的事故；

（3）较大事故，是指造成3人以上10人以下死亡，或者10人以上50人以下重伤，或者1 000万元以上5 000万元以下直接经济损失的事故；

（4）一般事故，是指造成3人以下死亡，或者10人以下重伤，或者1 000万元以下直接经济损失的事故。

二、学生实训实习安全事故防范与应急避险措施

学生实训实习是劳动教育之专业实践技能提升的关键环节。随着办学规模的日益扩大，高等职业院校虽然已不同程度地开展了学生安全教育工作并取得了一定的成效，但还存在一些不容忽视的安全隐患。

（一）实验（实训）室安全事故防范与应急避险措施

学生进入实验（实训）室前，要了解即将开展的工作内容、存在的危险和安全程序；要认真阅读实验（实训）室安全手册，遵守实验（实训）室纪律，掌握操作内容和安全注意事项。

（1）在做化学实验时，若化学品误入眼睛，应急处理方法是：切忌揉搓，也不要闭眼睛，应提起眼睑，用清水或生理盐水彻底冲洗15分钟；如果他人在旁，可让患者侧卧，拉开患者的上下眼皮，从眼角处向眼内慢慢倒入清水或生理盐水，反复冲洗；尽快就医。

若皮肤接触了危险化学品，应急处理方法是：立即撤离现场，迅速脱去被污染的衣物；立即用大量清水彻底冲洗皮肤，至少5分钟；及时就医。

若吸入了有毒气体，应急处理方法是：迅速离开现场，撤至空气新鲜处；除去口腔内异物，保持呼吸畅通；如果患者呼吸困难，要及时输氧；对昏迷不醒，皮肤和黏膜呈樱桃红或苍白、青紫色的严重中毒者，应立即通知急救中心并就地抢救，及时进行人工呼吸或胸外心脏按压，紧急处置后送医。

（2）在使用电气设备时，要掌握用电安全操作知识，一旦发生触电事故，应急处理方法是：迅速切断电源，用干燥的木棍等使触电人员与带电体脱离，而后使其平躺，确保其气道通畅，必要时进行心肺复苏，及时拨打“120”急救电话。

（3）在做生物实验时，要使用经过正确保养的生物安全柜，穿戴专用的防护衣

和面罩等，以免传染源或其他有害物溅洒到身上。

（4）在做放射性实验时，要做好防护措施，穿戴专用的防护衣和口罩等，防止射线辐射人体，实验完毕立即洗手或洗澡。

（二）实习安全事故防范与应急避险措施

实习生在开始实习前，学校、实习单位和实习生本人及家长应当签订书面协议，明确各方责任、权利和义务。实习生进入作业场所，须严格遵守实习单位的各项安全生产规定，要听从指挥，不得违章操作。实习生须按照规定正确穿戴个人劳动防护用品，要把发辫放入帽内，不准穿脚趾及脚跟外露的凉鞋、拖鞋，不准赤脚或赤膊，不准系领带或围巾。在有可能引起爆炸的场所，不准穿能集聚静电的服装。

在操作前，应检查设备或工作场地，排除故障和隐患，确保安全防护、信号联锁装置完好。在操作旋转机床时，严禁戴手套或解开衣袖（襟）。凡运转的设备，不准跨越运转部位传递物件，不要接触运转部位。一切机械、电气设备及装置的外露可导电部分，除另有规定外，必须有可靠的接零（地）装置并保持其连接性能良好。在检修机械、电气设备前，必须在电源开关处挂上“正在作业，严禁合闸”的警示牌。工作完毕或中途停电，应先切断电源再离岗。一旦发生生产安全事故，要及时抢救伤员，保护现场，并立即报告领导。

常见的职业危害预防措施有：在进行粉尘作业时，严格执行操作规程，坚持执行未佩戴防尘口罩不得上岗的操作制度；在进入噪声车间时，要戴好耳塞、耳罩或耳帽；在进行高温 / 低温作业时，要采取防暑降温 / 防寒保暖措施，佩戴相应的劳动防护用品；在进入有辐射的作业场所时，要严格遵守安全规则，做好个人防护，减少与辐射源的接触，佩戴劳动防护用品。

（三）常见情形的应急处理

1. 火灾

一旦发生火灾，应保持镇定，在确保自身安全的前提下，用消防器材进行灭火，必要时拨打“119”消防报警电话。在逃生时切不可搭乘电梯，更不要盲目跳楼，应迅速从安全通道撤离。如果烟雾弥漫，应用湿毛巾捂住口鼻，沿墙边降低身姿逃生。如果被困室内，要正确判断火情，当门体发烫时切勿开门，而应用浸湿的被子等堵住房门并向外挥动色彩鲜艳的衣物发出求救信号，等待救援。衣服着火时切勿奔跑，应尽快脱下衣服或就地打滚灭火。

2. 中暑

迅速将患者搬到阴凉、通风的地方平躺，为其扇风并解开其衣领、裤带。用冷水或稀释的酒精帮患者擦身，或将用冷水淋湿的毛巾、冰袋、冰块放在患者的颈部、腋窝、额头或大腿根部腹股沟等大动脉血管部位，为身体降温。患者感到不适时，应及时送往医院治疗。

3. 烫伤

烫伤现场救护可以从四个方面着手：冲、脱、盖、送。迅速用流动的清水冲洗烫伤部位，快速降低皮肤表面的热度；冲洗后小心脱去烫伤部位的衣物，尽量避免将水泡弄破；用清洁的纱布覆盖烫伤处，不要随意涂抹药膏、牙膏等；送医院做进一步处理。

4. 扭伤

扭伤现场救护可以从三个方面着手：冷敷、热敷、静养。用毛巾等包覆冰袋冷敷 15 ～ 20 分钟，间隔 2 小时左右再敷；24 小时后进行热敷，或用红花油等活血药物进行按摩。若伤势过重，应立即送往医院治疗。

5. 骨折

骨折现场救护要遵循“三不”黄金法则，即不复位、不盲目上药、不冲洗。若伤者大量出血，应及时用干净的布包扎伤口。若发现伤者有骨折的可能，一定要先对受伤部位进行简单固定，可就地取用木棍等做成夹板进行固定。现场紧急处理后，立即将伤者送往最近的医院。

6. 高处坠落

高处坠落包括由地面 2 米以上高度坠落和由地面向地坑、地井坠落两种。坠落产生的伤害主要是脊椎损伤、内脏损伤和骨折。为避免因施救方法不当而使伤情扩大，抢救时应注意以下几点：发现坠落伤员，首先看其是否清醒，能否自主活动。若伤者能站起来或移动身体，则要让其躺下，用担架抬送或用车将其送往医院，因为某些内脏损伤，当时可能感觉并不明显。若伤者已不能动或不清醒，切不可乱抬，更不能背起来送往医院，这样做极容易拉脱伤者的脊椎，造成永久性伤害。此时应进一步检查伤者是否有骨折。若有骨折，应采用夹板固定。送医时，应先找一块能使伤者平躺的木板，然后在伤者一侧将小臂伸入伤者身下，并由几个人分别托住伤者的头、肩、腰、腿等部位，同时用力，将伤者平稳托起，再平稳放在木板上，抬着木板送往医院。若坠落在地坑内，也要按上述程序进行救护。若地坑内杂物太多，应由几个人小心抬抱，将伤者放在平板上抬出。若坠落在地井中，无法让伤者平躺，则应小心地用抱人筐将伤者吊上来，施救时严禁让伤者的脊椎、颈椎受力。

延伸阅读

安全“小绿人”

相信你一定见过安全出口处那个向门口匆匆逃跑的“小绿人”（见图 4–1）。你知道它叫什么吗？它 1979 年诞生于日本，1987 年成为全世界的逃生出口标志，并迅速得到国际上的广泛认可，一直沿用至今。但很少有人知道，它因“悲”而生，身世极其坎坷。

图 4–1　安全出口标志

1972 年，日本大阪千日百货大楼发生火灾，夺走了 118 条生命；1973 年，日本熊本大洋百货发生火灾，造成 104 人丧命……庞大的伤亡人数震惊了全日本，也深深震撼了消防人员。在刚扑灭的火灾现场，可以看到一大群人倒在逃生通道附近，他们在生命定格时那痛苦挣扎的样子让人不忍直视。消防人员在为这些来到逃生通道附近却无法逃生的罹难者感到惋惜的同时，也陷入了深深的自责与反思。

痛定思痛，救援人员通过分析得出，造成伤亡事故的主要原因是，缺少一个浅显易懂的逃生标志，才导致有机会逃生的人葬身火海。为了不让悲剧重演，1978 年，日本消防安全协会在全国举办了一场“紧急逃生出口”标志设计大赛，立刻引起了许多设计爱好者的兴趣。经过专家评委的严格评选，最后在 3 000 多份设计作品中，小谷松敏文设计的“小绿人”脱颖而出，它“线条简洁，清晰明了，不需要另附文字说明”。但是，这一版本太过于欢脱，缺少紧张感。1979 年，多摩美术大学教授太田幸夫对“小绿人”进行了“美容”，让“小绿人”成为大家现在看到的样子。1984 年，日本消防研究中心的研究员带着“小绿人”前往巴黎，参加国际标准化组织（ISO）安全标志国际赛，与来自世界各地的精彩作品进行竞争。比赛相当激烈，除了“小绿人”，还有不少相当精彩的作品。由于“小绿人”从远处看清晰度约高出其他参选标志两成，在烟雾中的辨识度也高出一成左右，因此“小绿人”以绝对优势打败了其他参赛选手的作品，在国际赛中胜出。

得知这一消息后，美国人很不服气，因为在此之前，国际上使用的都是他们设计的红色标志。国际设计师们一致认为，绿色代表安全，而红色大多表示危险、警告、停止、禁止触碰，在安全出口处放红色标牌，容易误导慌乱中着急逃离的人们，让人们失去逃生的机会。事实证明，红色不仅在火光冲天的火场里难以看清，而且会增加人们的恐惧感；而绿色则醒目且让人看着舒服。于是，“小绿人”被更广泛地使用起来，走向世界，焕发出勃勃生机。后来，日本人给它起了一个名字，叫皮特托先生。

安全色与安全标志

1. 安全色

安全色是表达安全信息的颜色，表示禁止、警告、指令、提示等意义。正确使用安全色，可以使劳动者对威胁安全和健康的物体和环境做出最快的反应；迅速发现或分辨安全标志，及时得到提醒，以防止事故危害发生。安全色的用途广泛，如用于安全生产牌、交通标志牌、防护栏杆及机器上不准乱动的部位等。安全色的应用必须以表示安全为目的并符合规定的颜色范围。国际标准化组织（ISO）和很多国家都对安全色的使用有严格规定。我国已制定了安全色国家标准，规定用红、黄、蓝、绿四种颜色作为全国通用的安全色。四种安全色的含义和用途如下：

（1）红色表示禁止、停止、消防和危险。禁止、停止和有危险的器件设备或环境涂以红色标记，如禁止标志、交通禁令标志、消防设备、停止按钮和停车/刹车装置的操纵把手、仪表刻度盘上的极限位置刻度、机器转动部件的裸露部分、液化石油气汽车的条带及文字、危险信号旗等。

（2）黄色表示注意、警告。须警告人们注意的器件、设备或环境涂以黄色标记，如警告标志、交通警告标志、道路交通路面标志、皮带轮及其防护罩的内壁、砂轮机罩的内壁、楼梯的第一级和最后一级的踏步前沿、防护栏杆及警告信号旗等。

（3）蓝色表示指令、必须遵守。蓝色标志如指令标志、交通指示标志等。

（4）绿色表示通行、安全和提供信息。可以依据通行或安全情况涂以绿色标记，如通行标志、机器启动按钮、安全信号旗等。

此外，黑、白两种颜色一般作为安全色的对比色，主要用作上述各种安全色的背景色，如安全标志牌上的底色一般采用白色或黑色。

2. 安全标志

安全标志是向人们警示工作场所或周围环境的危险状况，指导人们采取合理行为的标志。安全标志能够提醒人们预防危险，从而避免事故发生；当危险发生时，能够指示人们尽快逃离，或者指示人们采取正确、有效、得力的措施，对危害加以遏制。安全标志不仅类型要与所警示的内容相吻合，而且设置位置要正确合理，否则就难以真正充分发挥其警示作用。安全标志分为禁止标志、警告标志、指令标志、提示标志以及补充标志（见图 4-2）。

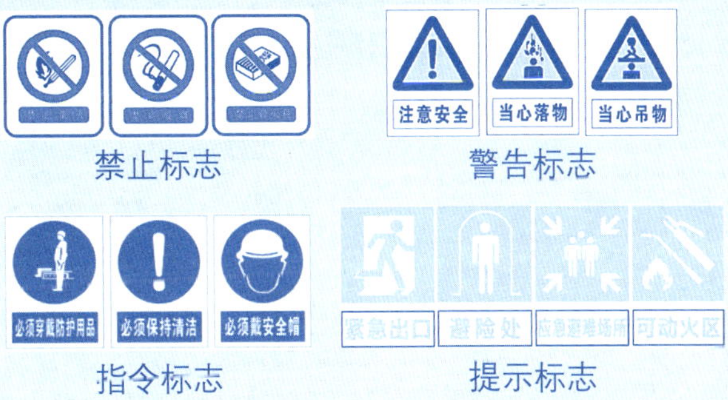

图 4-2　部分安全标志图示

（1）禁止标志用于制止人们的某些行动。几何图形是带斜杠的圆环，其中圆环与斜杠相连用红色，图形符号用黑色，背景用白色。我国规定的禁止标志主要有：禁止放置易燃物、禁止吸烟、禁止通行、禁止烟火、禁止带火种、禁止跨越、禁止攀登等。

（2）警告标志用于警告人们可能发生的危险。几何图形是黑色的正三角形，符号用黑色，背景用黄色。我国规定的警告标志主要有：注意安全、当心触电、当心爆炸、当心火灾、当心腐蚀、当心中毒、当心机械伤人、当心伤手、当心吊物、当心扎脚、当心落物、当心坠落、当心弧光、当心冒顶、当心瓦斯、当心塌方、当心坑洞、当心电离辐射、当心裂变物质、当心激光、当心微波、当心滑倒等。

（3）指令标志的含义是必须遵守。几何图形是圆形，背景用蓝色，图形符号用白色。我国规定的指令标志主要有：必须戴安全帽、必须穿防护鞋、必须系安全带、必须戴防护眼镜、必须戴防毒面具、必须戴护耳器、必须戴防护手套、必须穿防护服等。

（4）提示标志用于示意目标的方向。几何图形是方形，背景用绿色，图形符号及文字用白色。我国规定的提示标志主要有：紧急出口、避险处、应急避难场所、可动火区、击碎板面、急救点、应急电话、紧急医疗站等。

（5）补充标志是对上述四种标志的补充说明，以防误解。其分为横写和竖写两种。横写的为长方形，写在标志的下方，可以和标志连在一起，也可以分开；竖写的写在标志的上部。补充标志的颜色：竖写的，均为白底黑字；横写的，用于禁止标志的用红底白字，用于警告标志的用白底黑字，用于指令标志的用蓝底白字。

项目四任务一

知识测验

任务实施

1. 请结合课堂和教材学习内容，通过网络信息检索、图书文献查阅、多媒体影片观看等方式，掌握现场急救基本原则和基本步骤，熟悉常用现场救护技术（心肺复苏、止血、包扎、固定、搬运等）。

2. 重视实训实习安全事故防范与熟悉应急避险措施，请思考：在你所在专业的实训、顶岗实习和就业过程中，可能会出现哪些劳动安全问题？应该如何防范和处理？

任务二　预防职业病及工伤

任务导引

★“11·10”平顶山大学生猝死事件★

河南一名大三学生李某在实习阶段与某直播公司签订合作协议，成为游戏主播。因连续5天进行夜班直播（每天9至10小时），2023年11月10日，李某在公司通宵进行游戏直播近9小时后，回到校外出租屋休息时猝死。事发后，李某的父亲去找直播公司，希望公司能对儿子的死给出一个说法。但他只见到了公司的法务，法务将协议拿给他，并告知他李某与公司并非劳动关系，而是合作合同，只愿意出于人道主义目的赔偿5 000元。目前，直播公司与主播签订的合同大多为直播经纪合同，不是劳动合同，这样的关系，公司不需要为员工缴纳社保，也不需要承担工伤责任。

任务描述

鉴于工伤事故与职业病的严重危害，加强预防工作显得尤为重要和紧迫。预防不仅能有效减少伤害事件的发生，降低企业和社会的经济负担，而且能保障劳动者的生命健康权益，促进劳动关系和谐稳定，推动经济社会可持续发展。

本任务的具体要求如下：（1）了解生理健康指标和心理健康标准，维护积极健康劳动心理；（2）熟悉国家和地方关于职业卫生安全的相关法律法规；（3）了解职业病的分类、诊断和防治，了解行业特定职业风险；（4）熟悉工伤预防和工伤保险的相关知识；（5）掌握个人防护技能，熟悉劳动防护用品且能正确使用，以降低职业伤害的风险；（6）树立正确的健康观，形成职业健康素养；（7）增强职业安全意识，培养责任感。

任务知识

一、劳动者职业健康

（一）职业健康素养

职业健康素养是指劳动者获得职业健康基本知识，践行健康工作方式和生活方式，防范职业病和工作相关疾病发生风险，维护和促进自身健康的意识和能力。

《健康中国行动（2019—2030年）》和《国家职业病防治规划（2021—2025年）》均将职业健康知识知晓率列为重要考核指标。2024年1月，国家卫生健康委发布了《关于进一步推进职业健康保护行动提升劳动者职业健康素养水平的通知》，全面助力健康中国建设，提升职业健康素养水平，对于保护劳动者全面健康乃至维护全人群全生命周期的健康至关重要。

（二）职业健康检查

职业健康检查是指通过医学手段和方法，针对劳动者所接触的职业病危害因素可能产生的健康影响和健康损害进行临床医学检查，了解受检者健康状况，早期发现职业病、职业禁忌证和可能的其他疾病和健康损害的医疗行为。它是职业健康监护的重要内容，包括上岗前、在岗期间、离岗时的健康检查。

人体生命体征是用来判断病人的病情轻重和危急程度的基本指征，有心率、脉搏、血压、呼吸、疼痛、血氧、瞳孔和角膜反射的改变等。其中，人们主要通过测定脉搏、呼吸、血压、体温、血氧饱和度这五项体征来判定人的生命体征。前四项在医学上被称为生命四大体征，它们是维持机体正常活动的支柱，缺一不可，不论哪项异常都会导致致命的疾病。

（三）劳动者心理健康

心理健康是一种持续良好的心境，在这种状态下，个体的认知活动、情绪反应、意志行为处于一种积极状态，而且具有正常、适当的调控能力，并能充分发挥身心的潜能。心理健康有以下六个标准。

（1）了解自我，悦纳自我。俗话说："人贵有自知之明。"也就是说，人要有正确的自我意识。心理健康的人能体验到自己存在的价值，既能正确地了解自我、评价自我，又能接受自我。他们对自己的能力、性格和优缺点都能做出恰当且客观的评价。在努力发掘自我潜能的同时，他们对于自己无法弥补的缺陷也能泰然处之。他们的生活目标和理想切合实际，从不产生非分期望，也从不苛刻地要求自己。因此，他们不会与自己过不去，不会因为理想和现实的差距过大而产生自责、自怨和自卑等不健康心态，也不会产生心理危机。

（2）接受他人，善与人处。人际交往活动能反映人的心理健康状态。人与人之间正常、友好的交往不仅是维持心理健康的一个必不可少的条件，也是获得心理健康的重要途径。心理健康的人乐于与人交往，他们不仅能接受自己，而且能接受他人、悦纳他人，并为他人和集体所理解和接受。他们能与他人沟通和交往，人际关系和谐。他们既能在与挚友同聚之时享受欢乐，也能在独处沉思之时享受孤独。他们在与人相处时，积极的态度（如同情、关心、友善、尊敬、信任等）总是多于消极的态度（如嫉妒、猜疑、畏惧、敌视等），因此在社会生活中有较强的适应能力和较充足的安全感。

（3）正视现实，接受现实。心理健康的人能够正视现实，接受现实，并能积极主动地去适应现实和改造现实，而不是逃避现实。他们能客观地看待周围的事物，并能与现实环境保持良好的接触。他们既有高于现实的理想，又不会沉溺于不切实际的幻想和奢望中。他们对自己的力量充满信心，面对生活、学习和工作中的各种困难和挑战都能妥善处理。心理不健康的人往往以幻想代替现实，没有足够的勇气去接受现实的挑战，总是抱怨自己生不逢时或责备社会环境对自己太不公平而怨天尤人，因此无法适应现实环境。

（4）热爱生活，乐于工作。心理健康的人能珍惜和热爱生活，积极投身于生活，并在生活中尽情享受人生的乐趣。他们还在学习和工作中，尽可能地发挥自己的个性和聪明才智，并从工作的成果中获得激励和满足。他们能积极储备知识和经验，以便应对工作中出现的难题或障碍。他们凭借知识、经验的积累，以及刻苦奋斗、乐此不疲的精神，使自己的行为更加有效、工作更加出色。

（5）能适当地表达情绪。对心理健康的人而言，愉快、乐观、开朗等积极的情绪体验始终占优势地位，虽然他们有时也会有悲伤、忧愁、焦虑和愤怒等消极情绪，但这些情绪一般不会持久。他们能够保持情绪稳定，心情总是开朗乐观，同时能够适度地表达和调控自己的情绪。

（6）人格完整、和谐，智力发展正常。心理健康的人，其人格结构中的气质、能力、性格特征以及理想、信念、动机、兴趣、人生观等各方面能平衡发展。对心理健康的人而言，其人格作为人的整体的精神面貌能够完整、协调、和谐地表现出来。他们思考问题的方式是适中和合理的，在待人接物时能采取恰当且灵活的态度，对外界刺激不会有偏激的情绪和行为反应，能与社会的步调合拍，并能和集体融为一体。智力是指人的认识能力与活动能力所达到的水平，是人的观察力、记忆力、想象力、思考力、语言表达能力和操作能力的综合。正常智力水平是人们生活、学习、工作、劳动的最基本的心理条件，是人们与自然环境和社会环境保持动态平衡的心理保证。因此，智力水平是衡量心理健康程度的重要标准之一。

二、职业病防治

（一）职业病的概念

职业病是指企业、事业单位和个体经济组织等用人单位的劳动者在职业活动中，因接触粉尘、放射性物质和其他有毒、有害因素而引起的疾病。一般来说，凡是符合法律规定的疾病才能称为职业病。我国规定，确诊的法定职业病必须向主管部门和同级卫生行政部门报告。凡属法定职业病的患者，在治疗和休息期间及在确定为伤残或治疗无效死亡时，均应按照工伤保险有关规定给予相应待遇。

（二）职业卫生相关法律法规

1.《中华人民共和国宪法》和《中华人民共和国社会保险法》

《中华人民共和国宪法》第四十五条第一款规定：“中华人民共和国公民在年老、疾病或者丧失劳动能力的情况下，有从国家和社会获得物质帮助的权利。国家发展为公民享受这些权利所需要的社会保险、社会救济和医疗卫生事业。”

社会保险是国家通过立法确立的社会保障制度，具有强制性，因此必须严格执行。为了规范社会保险关系，维护公民参加社会保险和享受社会保险待遇的合法权益，使公民共享发展成果，促进社会和谐稳定，根据《中华人民共和国宪法》制定了《中华人民共和国社会保险法》，规定国家建立基本养老保险、基本医疗保险、工伤保险、失业保险、生育保险等社会保险制度，用来保障公民在年老、疾病、工伤、失业、生育等情况下，能够依法从国家和社会获得物质帮助。

2.《工伤保险条例》

本条例是为了保障因工作遭受事故伤害或者患职业病的职工获得医疗救治和经济补偿，促进工伤预防和职业康复，分散用人单位的工伤风险而制定的。

3.《中华人民共和国职业病防治法》

本法是为了预防、控制和消除职业病危害，防治职业病，保护劳动者健康及其相关权益，促进经济社会发展，根据宪法而制定的。

4.《职业病分类和目录》

根据《中华人民共和国职业病防治法》的有关规定，国家卫生健康委会同人力资源社会保障部、国家疾控局和全国总工会制定和调整《职业病分类和目录》。《职业病分类和目录（2024 版）》包括 12 类 135 种职业病。这 12 类职业病分别是职业性尘肺病及其他呼吸系统疾病、职业性皮肤病、职业性眼病、职业性耳鼻喉口腔疾病、职业性化学中毒、物理因素所致职业病、职业性放射性疾病、职业性传染病、职业性肿瘤、职业性肌肉骨骼疾病、职业性精神和行为障碍、其他职业病。

要构成《中华人民共和国职业病防治法》中所规定的职业病，必须具备四个条件：患病主体是合法企业、事业单位或个体经济组织的劳动者，且与用人单位存在事实劳动关系；必须是在从事职业活动的过程中产生的；必须是因接触粉尘、放射性物质和其他有毒、有害因素引起的；必须是国家公布的《职业病分类和目录》所列的职业病，且符合国家职业病诊断标准。

（三）职业病防治措施

（1）加强职业卫生监管。政府应加强对企业职业卫生的监管，确保企业遵守相关法律法规，采取有效措施预防职业病的发生。

（2）提高企业职业病防治意识。企业应重视职业病防治工作，建立健全职业病防治制度，加强职业病防治知识的培训和宣传，提高劳动者对职业病的认识和防范意识。

（3）做好个人防护。劳动者应正确佩戴防护用品，如口罩、耳塞、防护眼镜等，减少有害因素对身体的伤害。

（4）定期体检。劳动者应定期参加职业健康检查，早发现、早治疗职业病。

（5）养成健康生活方式。劳动者应保持良好的作息，合理饮食，加强体育锻炼，增强身体素质，降低职业病发病风险。

三、工伤保险与鉴定

（一）工伤预防和工伤保险

1. 相关概念

（1）工伤。工伤又称职业伤害、工作伤害，是指劳动者在从事职业活动或者与职业责任有关的活动时所遭受的事故伤害和职业病伤害。工伤需要通过法定程序进行认定。

（2）工伤预防。工伤预防是指采用经济、管理和技术等手段，实现事先防范职业伤亡事故以及职业病的发生，减少事故及职业病的隐患，改善和创造有利于健康的、安全的生产环境和工作条件，保护从业人员在生产、工作环境中的安全和健康。工伤预防工作是社会保障、工伤保险的重要组成部分。

（3）工伤保险。工伤保险又称职业伤害保险，是指劳动者在工作中或在规定的特殊情况下，因遭受意外伤害或患职业病导致暂时或永久丧失劳动能力以及死亡时，劳动者或其遗属从国家和社会获得物质帮助的一种社会保险制度。

2. 工伤保险应遵循的原则和特点

工伤保险遵循如下原则：无责任补偿原则；国家立法、强制实施原则；风险分担、互助互济原则；个人不缴费原则；区别因工与非因工原则；经济赔偿与事故预防、职业病防治相结合原则；一次性补偿与长期补偿相结合原则；确定伤残和职业病等级原则；区别直接经济损失与间接经济损失原则；集中管理原则。

工伤保险的具体特点如下：

（1）工伤保险的对象包括在生产劳动过程中的劳动者。由于职业危害无处不在、无时不有，任何人都不可能完全避免职业伤害，因此，工伤保险作为抵御职业危害的保险制度适用于所有职工，任何职工发生工伤事故或遭受职业病，都将毫无例外地享有工伤保险待遇。

（2）工伤保险的责任具有赔偿性。鉴于劳动者的生命健康权、生存权和劳动权受到影响、损害甚至被剥夺，工伤保险是基于对工伤职工的赔偿责任而设立的一种社会保险制度，其他社会保险则是基于对职工生活困难的帮助和补偿责任而设立的。

（3）工伤保险实行无责任补偿原则。无论工伤事故的责任归于用人单位还是职工个人或第三者，用人单位均应承担保险责任。

（4）工伤保险不同于基本养老保险等险种，劳动者不缴纳保险费，全部费用由用人单位负担，即工伤保险的投保人为用人单位。

（5）工伤保险待遇相对优厚，标准较高，但因工伤事故的不同而有所差别。

（6）工伤保险作为社会保障的重要组成部分，其保障内容比商业意外保险要丰富。除了在工作时的意外伤害，其保障内容还包括职业病医药费的报销、急性病猝死保险金、丧葬补助（工伤身故）。商业意外保险提供的则是对职工在工作和休息时遭受意外伤害的保障，优势体现为时间、空间上的广度。在赔付方面，医疗费用通常是由工伤保险先报销后，商业保险扣除已赔付部分，再对剩余部分进行赔偿。身故或残疾保险金则分别按照约定额度给付，不存在冲突现象。通常建议将商业意外保险作为社保的补充和完善。

3. 享有权利

职工在工作过程中，为了避免工伤事故的发生，依法享有工伤预防和工伤保险的权利，主要体现在：

（1）有权获得劳动安全卫生的教育和培训，了解所从事的工作可能对身体健康造成的危害和可能发生的安全事故。从事特种作业者要取得特种作业资格，持证上岗。

（2）有权获得保障自身安全、健康的劳动条件和劳动防护用品。

（3）有权对用人单位管理人员违章指挥、强令冒险作业予以拒绝。有权对危及生命安全和身体健康的行为提出批评、检举和控告。

（4）从事职业危害作业的从业人员有权获得定期健康检查；发生工伤时，有权得到抢救治疗。

（5）发生工伤后，从业人员或其近亲属有权向当地社会保障行政部门报告申请认定工伤和享受工伤待遇；报告申请要经过企业签字，如果企业不签字，可以直接报送。

（6）工伤从业人员有权按时足额享受有关工伤保险待遇。

（7）工伤致残人员有权要求进行劳动能力鉴定、护理依赖鉴定及定期复查；对鉴定结论不服者，有权要求进行复查鉴定和再次鉴定。

（8）因工致残尚有工作能力的从业人员，在就业方面应得到特殊保护，在合同期内用人单位不得与因工致残的从业人员解除劳动合同，并应根据不同情况为其安排适当的工作；在建立和发展工伤康复事业的情况下，因工致残的从业人员应当得到职业康复培训和再就业帮助。

（9）工伤从业人员及其近亲属申请认定工伤和享受工伤保险待遇时与用人单位发生争议的，有权向当地劳动争议仲裁委员会申请仲裁，直至向人民法院起诉；对社会保障经办机构作出的工伤认定和待遇支付决定不服的，有权申请行政复议或行政诉讼。

（二）工伤认定

1. 适用范围

根据《工伤保险条例》的规定，工伤保险的适用范围包括中华人民共和国境内的企业、事业单位、社会团体、民办非企业单位、基金会、律师事务所、会计师事务所等组织和有雇工的个体工商户。公务员和参照《中华人民共和国公务员法》管理的事业单位、社会团体的工作人员因工作遭受事故伤害或者患职业病的，由所在单位支付费用。

2. 认定标准

根据《工伤保险条例》第十四条的规定，职工有下列情形之一的，应当认定为工伤：

（1）在工作时间和工作场所内，因工作原因受到事故伤害的；

（2）工作时间前后在工作场所内，从事与工作有关的预备性或者收尾性工作受到事故伤害的；

（3）在工作时间和工作场所内，因履行工作职责受到暴力等意外伤害的；

（4）患职业病的；

（5）因工外出期间，由于工作原因受到伤害或者发生事故下落不明的；

（6）在上下班途中，受到非本人主要责任的交通事故或者城市轨道交通、客运轮渡、火车事故伤害的；

（7）法律、行政法规规定应当认定为工伤的其他情形。

同时，根据《工伤保险条例》第十五条的规定，职工有下列情形之一的，视同工伤：

（1）在工作时间和工作岗位，突发疾病死亡或者在48小时之内经抢救无效死亡的；

（2）在抢险救灾等维护国家利益、公共利益活动中受到伤害的；

（3）职工原在军队服役，因战、因公负伤致残，已取得革命伤残军人证，到用人单位后旧伤复发的。

职工发生工伤，经治疗伤情相对稳定后存在残疾、影响劳动能力的，应当进行劳动能力鉴定。工伤职工应依照劳动能力鉴定委员会出具的劳动能力鉴定结论，享受不同等级的工伤待遇。根据《工伤保险条例》中针对工伤保险费缴纳的规定，用人单位缴纳工伤保险费的数额为本单位职工工资总额乘以单位缴费费率之积，职工个人不缴纳工伤保险费。

3. 认定申请

根据《工伤保险条例》第十七条第一款的规定，职工发生事故伤害或者按照职业病防治法规定被诊断、鉴定为职业病，所在单位应当自事故伤害发生之日或者被诊断、鉴定为职业病之日起30日内，向统筹地区社会保险行政部门提出工伤认定申请。遇有特殊情况，经报社会保险行政部门同意，申请时限可以适当延长。

根据《工伤保险条例》第十七条第二款的规定，用人单位未按前款规定提出工伤认定申请的，工伤职工或者其近亲属、工会组织在事故伤害发生之日或者被诊断、鉴定为职业病之日起1年内，可以直接向用人单位所在地统筹地区社会保险行政部门提出工伤认定申请。

（三）劳动能力鉴定

1. 劳动能力鉴定的定义

劳动能力鉴定是指劳动者劳动功能障碍程度和生活自理障碍程度的等级鉴定。

根据《工伤保险条例》第二十一条的规定，职工发生工伤，经治疗伤情相对稳定后存在残疾、影响劳动能力的，应当进行劳动能力鉴定。根据《工伤保险条例》第二十三条的规定，劳动能力鉴定由用人单位、工伤职工或者其近亲属向设区的市级劳动能力鉴定委员会提出申请，并提供工伤认定决定和职工工伤医疗的有关资料。

2. 劳动能力鉴定的标准

劳动能力鉴定的标准是劳动能力鉴定时所依据的尺度，是确定工伤职工伤残等级的标准。根据《工伤保险条例》第二十二条第二、三、四款的有关规定，劳动功能障碍分为十个伤残等级，最重的为一级，最轻的为十级。生活自理障碍分为三个等级：生活完全不能自理、生活大部分不能自理和生活部分不能自理。劳动能力鉴定标准由国务院社会保险行政部门会同国务院卫生行政部门等部门制定。

3. 劳动能力鉴定流程

（1）提出申请。用人单位、工伤职工或者其近亲属可以向设区的市级劳动能力鉴定委员会提出申请。同时，申请人应当按照规定提交工伤认定决定和职工工伤医疗的有关资料。

（2）审查。设区的市级劳动能力鉴定委员会在收到申请人申报劳动能力鉴定的资料后，应当进行初审，看有关材料是否齐备、有效。如果申请人提交的资料欠缺，设区的市级劳动能力鉴定委员会则应要求申请人补充相关材料。

（3）组织鉴定。设区的市级劳动能力鉴定委员会受理劳动能力鉴定申请后，应当从其建立的医疗专家库内随机抽取 3 名或者 5 名专家组成专家组进行鉴定。必要时，可以委托具有资质的医疗机构进行有关的诊断。专家组或者受委托的医疗机构鉴定后应当出具鉴定意见并由参与鉴定的专家签署。

（4）作出鉴定结论并送达当事人。设区的市级劳动能力鉴定委员会应根据专家组的鉴定意见，在收到劳动能力鉴定申请之日起 60 日内作出劳动能力鉴定结论。如果有必要，作出劳动能力鉴定结论的期限可以延长 30 日。劳动能力鉴定结论对当事人利益的影响重大，因此《工伤保险条例》规定，劳动能力鉴定结论应当及时送达申请鉴定的单位和个人。

综上所述，在劳动能力鉴定结论作出之日起 1 年后，遭受工伤的劳动者如果伤情有变化，可以申请进行工伤复查鉴定。申请进行工伤复查鉴定的，也是向原劳动能力鉴定机构提出，鉴定程序差不多。申请鉴定的单位或者个人对设区的市级劳动能力鉴定委员会作出的初次鉴定结论不服的，可以在收到该鉴定结论之日起 15 日内向省、自治区、直辖市劳动能力鉴定委员会提出再次鉴定申请。省、自治区、直辖市劳动能力鉴定委员会作出的劳动能力鉴定结论为最终结论。

四、劳动防护用品

（一）劳动防护用品的定义

劳动防护用品是指由生产经营单位为从业人员配备的，使其在生产过程中免遭或者减轻人身伤害和职业危害的防护装备，是为了保障从业人员在生产过程中的安全和健康，而发给其个人使用的防护用品。其用于防护有灼伤、烫伤或者容易发生机械外伤等危险的操作，在强烈热辐射或者低温条件下的操作，散发毒性、刺激性、感染性物质或者大量粉尘的操作以及经常使衣服腐蚀、潮湿或者特别肮脏的操作等。根据具体操作过程中的不同需要，供给从业人员的劳动防护用品主要有工作服、工作帽、围裙、口罩、手套、护腿、防毒面具、护目镜、防护药膏、防寒用品、防晒用品、防雨用品等。

（二）劳动防护用品的分类

劳动防护用品按照防护部位分为九类：

（1）头部护具。这类劳动防护用品用于保护头部，防撞击和挤压伤害、防物料喷溅、防粉尘等，主要有安全帽、防尘帽、防冲击面罩等。

（2）呼吸护具。这类劳动防护用品主要用于预防尘肺病。

（3）眼护具。这类劳动防护用品用于保护作业人员的眼睛，防止外来伤害，分为焊接用眼护具、炉窑用眼护具、防冲击眼护具、激光防护镜以及防 X 射线、防化学、防尘等眼护具。

（4）听力护具。长期在 90 分贝以上或短时在 115 分贝以上环境中工作时应使用听力护具。听力护具有耳塞、耳罩和帽盔三类。

（5）防护鞋。这类劳动防护用品用于防止足部伤害，主要有防滑鞋、防滑鞋套、防静电安全鞋、钢头防砸鞋等。

（6）防护手套。这类劳动防护用品用于手部保护，主要有耐酸碱手套、电工绝缘手套、电焊手套、防 X 射线手套、石棉手套、丁腈手套等。

（7）防护服。这类劳动防护用品用于保护职工免受劳动环境中的物理、化学因素的伤害，分为特殊防护服和一般作业服两类。

（8）防坠落护具。这类劳动防护用品用于防止坠落事故发生，主要有安全带、安全绳和安全网等。

（9）护肤用品。这类劳动防护用品用于外露皮肤的保护，分为护肤膏和洗涤剂。

在各行业中，劳动防护用品都是必须配备的。根据实际使用情况，劳动防护用品应按规定时间更换。在发放劳动防护用品时，应按照工种的不同分别发放，并保存台账。

项目四任务二
知识测验

班级________ 姓名________ 学号________

任务实施

1. 请结合课堂和教材内容，通过网络信息检索、图书文献查阅、多媒体影片观看等途径，围绕任务描述中的相关问题展开认知，具体包括了解劳动者职业健康、职业病相关知识，熟悉职业卫生相关法律法规，了解工伤预防和工伤保险相关知识，熟悉劳动防护用品且能正确使用等。

<table>
<tr><th>序号</th><th colspan="2">主题</th><th>自我认知</th></tr>
<tr><td rowspan="3">1</td><td rowspan="3">劳动者职业健康</td><td>职业健康素养</td><td rowspan="3"></td></tr>
<tr><td>职业健康检查</td></tr>
<tr><td>劳动者心理健康</td></tr>
<tr><td rowspan="2">2</td><td rowspan="2">职业病防治</td><td>职业病的概念</td><td rowspan="2"></td></tr>
<tr><td>职业卫生相关法律法规</td></tr>
<tr><td>3</td><td>工伤保险与鉴定</td><td>工伤预防、工伤保险、工伤认定、劳动能力鉴定</td><td></td></tr>
<tr><td>4</td><td colspan="2">劳动防护用品</td><td></td></tr>
</table>

2. 请思考：在你所在专业的实训、顶岗实习和就业过程中，可能会分别出现哪些劳动安全问题？应该如何防范和处理？

3. 劳动与休闲，是人类生存与发展的两种合乎规律、看似对立实则统一的行动样态。没有紧张而有意义的劳动，就没有悠然而有情调的休闲。同样，没有身心愉悦的休闲，也难有精力充沛的劳动。茶，是风靡世界的三大无酒精饮料（茶叶、咖啡和可可）之一，全球 160 余个国家和地区的 30 多亿人每天都在喝茶。茶是中国人的举国之饮，喝茶这一健康行为可以在人们劳动休闲中发挥重要作用。请你在课外搜集并梳理健康饮茶的相关知识（包括茶的起源、成分、分类、功效，以及科学泡茶和饮茶等），并做好详细的记录。

项目五 劳动能力与未来劳动

知识目标

1. 结合劳动工具的发展史，认识到使用工具是人类劳动的重要特征
2. 理解创造性劳动的内涵与价值
3. 了解创造性思维方式和常见的创新方法
4. 形成尊重自己和他人的劳动成果的意识

技能目标

1. 认识和正确使用不同场景下的劳动工具
2. 运用新工具建立思考模式，绘制思维导图

素质目标

1. 树立合理的职业认知和正确的择业观念
2. 树立创新、创造的劳动精神，面对未来新职业的挑战，能够积极寻找解决办法

任务一 创造性劳动

任务导引

★ 鲁班造锯 ★

鲁班是我国古代有名的工匠和发明家，相传木工用的锯就是他发明的。

有一回，鲁班领着大家建造一座宫殿，需要很多大木料，于是他让徒弟们上山去砍树。当时还没有锯，砍树全靠斧子，一天也砍不了几棵。鲁班很着急，就亲自上山去看。山很陡，鲁班抓住树干和杂草，一步一步往上爬。忽然，他的手指被一根小草划破了，流出血来。一根小草怎么会这样厉害？鲁班仔细一看，发现小草的叶子边上有许多小齿。他在手指上试了试，一拉就是一道口子。这启发了鲁班，他想：如果用铁打一把有齿的工具，在树干上来回拉，不是比用斧子砍快得多吗？

鲁班马上回去打了一把，拿到山上一试，果然既快又省力。鲁班就这样发明了锯。后来，人们不断改进，制造出各种各样的锯。

要想较顺利地完成劳动任务，就要具备一定的劳动能力。从事任何劳动（简单劳动和复杂劳动）都需要劳动能力。劳动能力具有狭义和广义两层含义：狭义的劳动能力，是指从事劳动所必需的原始体力和脑力等基本生理条件；广义的劳动能力，既包括生产、生活和服务中的一般性知识、技能和素养，也包括职业领域与专业领域中与具体工具相关的特殊知识、技能和素养，例如，正确使用各种劳动工具的能力、使用创新方法或创新思维完成劳动任务的能力、复杂劳动的规划能力和与他人协作共同完成劳动任务的能力等。

任务描述

人们可以通过多种方式不断激活创新思维。

本任务的具体要求如下：（1）阐述创造性劳动的内涵与价值；（2）体验创新思维方式和常见的创新方法；（3）使用新工具建立思考模式，绘制思维导图。

任务知识

一、创造性劳动

（一）创造性劳动的内涵

“穷则变，变则通”是古人对于创造性劳动的实践认知，这意味着创造能力对实现劳动目标有重大作用。一个人需要有创造力，有一双善于发现的眼睛，有将愿望变为现实的积极动力。人的劳动是有意识、有创造性的活动，是创造性劳动与机械性（重复）劳动的统一。在人类社会发展过程中，涌现出许多创造性劳动，不同时期的创造性劳动具有不同的特点。

在知识经济社会与人工智能时代，大量的劳动是创造性劳动。区别于简单重复的劳动，创造性劳动是指在创新思维的支配下，具有科学知识和技术的劳动者，通过创造发明来改变人类与自然的物质交换的过程，打破生产要素组合的均衡状态，形成新的劳动要素组合和新的劳动程序，使人类劳动在前所未有的程序上进行，从而加速人类物质财富和精神财富创造的生产活动。从劳动的性质和形态来说，创造性劳动表现为在劳动过程中具有勇于创新、敢于创新的精神，能发现并运用智慧创造性地解决问题，产生创新性的劳动成果。它强调创造性地解决实际问题，在科学探究、创新设计、动手实践、出力流汗的过程中，体现劳动价值，形成正确的劳动价值观和劳动品质。

（二）创造性劳动的价值

1. 创造性劳动是人类个体发展的本质追求

从客观层面来看，劳动始终是人类生存和发展的基本手段。从主观层面来看，人们将劳动视为生活中不可或缺的一部分，它不仅是谋生的手段，而且是实现自我价值、丰富精神世界的重要途径。

2. 创造性劳动是经济社会发展的核心动力

在现代社会，有价值的创新发明，往往比货币资本更重要、更难得。我国提出建设创新型国家，大力发展创造性劳动，推进科学技术发展和自主技术创新，就是要使我国经济竞争力的内涵，从以低成本、低收入的重复性劳动为主，尽快过渡到以高收益的创造性劳动为主，避免重蹈一些发展中国家在高速增长后出现停滞和衰退的覆辙。

3. 创造性劳动是人类文明进步的决定性力量

人类的劳动是一种有意识、富有创造性的活动，与动物无意识的、基于条件反射的行为形成鲜明对比。这一根本差异决定了人类拥有持续发展的潜力，而动物则仅限于适应环境的变化。在历史的长河中，尽管人类在重复性劳动中取得的创造性进步相对有限，但这种劳动确保了制造工具技艺的传承，为稳定发展奠定了基础。然而，自近代以来，人类劳动开始向更高级的形态转变，其中最显著的标志是创造性劳动数量和质量的显著增长。正是这种创造性劳动，构成了社会生产力的核心动力，推动经济社会不断变革与发展。因此，创造性劳动不仅是技术革新的源泉，而且是社会结构和文化形态演进的催化剂。

二、创新思维的内涵、特点和价值

（一）创新思维的内涵

创新是指以现有的思维模式提出有别于常规或常人思路的见解并以之作为导向，利用现有的知识和物质，在特定的环境中，本着理想化需要或为满足社会需求，而改进或创造新的事物、方法、元素、路径、环境，并能获得一定有益效果的行为。创新思维也称创造性思维，是指以新颖、独创的方法解决问题的思维过程。人类通过这种思维能突破常规思维的界限，从超常规甚至反常规的方法、视角去思考问题，提出与众不同的解决方案，从而产生新颖、独到、有社会意义的思维成果。创新思维是人类思维的高级形式。常规思维的主要特点是习惯性、单向性和逻辑性，绝大多数人的绝大部分行为都是依赖于常规思维的结果。这种思维的习惯性既可能成为我们良好的助手，也可能成为我们最坏的“敌人”。因此，创新思维首先需要破除思维定式、思维惯性和思维封闭三大障碍。激活创新思维需要具备 5 个条件：主动发现问题；保持好奇心和兴趣；突破思维界限；培养勤于用脑及随机应变的灵活性；善于积累信息。

（二）创新思维的特点

第一，独创性和新颖性。创新思维贵在创新，它或者在思路的选择上，或者在思考的技巧上，或者在思维的结论上，具有前无古人的独到之处，具有一定范围内的首创性、开拓性，要在前人、常人没有涉足和不敢前往的领域开垦出自己的一片天地，而不要在前人、常人已有的成就面前踏步或仿效，不要为司空见惯的事物所迷惑。因此，具有创新思维的人，必然对事物具有浓厚的创新兴趣，在实际活动中善于超越思维常规，对完善的事物、平稳有序发展的事物进行重新认识，以求新的发现。这种发现就是一种独创，一种新的见解、新的发明和新的突破。

第二，开放性和灵活性。创新思维活动是一种多向开放、灵活多变的思维活动，其发生伴随着想象、直觉、灵感之类的非逻辑、非规范的思维活动，因人而异、因时而异、因问题和对象而异。因此，创新思维活动具有极大的特殊性、随机性和技巧性，他人无法完全模仿、模拟。

第三，对象的潜在性。创新思维虽然是从现实的活动和客体出发，但它指向的不是现存的客体，而是潜在的、尚未被认识和实践的对象。因此，创新思维的对象或者是刚刚进入人类的实践范围，尚未被人类认识的客体，人们只能猜测它的存在状况；或者是人们虽然有了一定的认识，但认识尚不完全，还可以从深度和广度上进一步认识的客体。这两类客体无疑都具有潜在性。

第四，结果的风险性。创新思维由于是一种探索未知的活动，因此会受到多种因素的限制和影响，如事物发展及其本质暴露的程度、实践的条件与水平、认识的水平与能力等。这些决定了创新思维并不能每次都取得成功，甚至有可能毫无成效或者得出错误的结论。

（三）创新思维的价值

1. 创新思维可以不断提升人类认识世界的水平

创新思维向着未知或不完全知的领域进军，不断扩大人类的认知边界，不断地把未被认识的事物变为可以认知和已经认知的事物。科学上每一次的发现和创造，都使人类的知识总量得以增加，为人类认知水平的不断提升创造着条件。

2. 创新思维可以不断提高人类的认识能力

创新思维是一种高超的艺术，创新思维活动及过程中的内在的东西是无法被模仿的。这内在的东西就是创新思维能力。这种能力的获得依赖于人类对历史和现状的深刻了解，依赖于敏锐的观察能力和分析问题能力，依赖于知识的积累和知识面的拓宽。每一次创新思维过程就是一次锻炼思维能力的过程，因为要想获得对未知世界的认识，人类就要不断地探索前人没有采用过的思维方法、从前人所没有采取的思考角度去思考，就要独创性地寻求没有先例的办法和途径去正确、有效地发现问题、分析问题和解决问题，从而极大地提高认识未知事物的能力。因此，认识能力的提高离不开创新思维。

3. 创新思维可以为实践开辟新的局面

创新思维的独创性与风险性特征赋予了它敢于探索和创新的精神。在这种精神的支配下，人们不满足于现状和已有的知识与经验，总是力图探索客观世界中还未被认识的本质和规律，并以此为指导，进行开拓性实践，从而开辟出人类实践活动的新领域。

4. 创新思维是将来人类的主要活动方式和内容

工业革命并没有完全把人类从体力劳动中解放出来，而目前世界范围内的新技术革命带来了生产的变革。全面的自动化把人类从机械劳动和机器中解放出来，转而从事控制信息、编写程序的脑力劳动。人工智能技术的推广和应用，使原本由人类所从事的一些简单的、具有一定逻辑规则的思维活动，得以交给人工智能去完成，从而又部分地把人类从简单的脑力劳动中解放出来。这样，人类将有充分的精力将自己的知识、智力用于创造性思维活动，进而把人类的文明推向一个新的高度。

三、创造性思维方式

创造性思维方式是从创新思维活动中总结、提炼、概括出来的具有方向性、程序性的思维模式。在创造性思维活动中，存在发散思维与收敛思维、正向思维与逆向思维、求同思维与求异思维这三组思维方式，每一组思维方式中的两种思维方式看似对立但又辩证统一，相互联系、相互结合，共同作用。

（一）发散思维与收敛思维

中国有个成语叫“多谋善断”，其中“多谋”指的是发散思维，“善断”指的是收敛思维。美国科学史家托马斯·库恩（Thomas Kuhn）认为，在科技革命时期，发散思维占优势，而在常规科学时期，收敛思维占优势，一个好的探索者要在发散思维和收敛思维之间保持必要的张力。首先，采用发散思维方式，尽可能多地提出解决问题的办法，然后采用收敛思维方式，通过论证各种方案的可行性，最终得出理想方案。

1. 发散思维

发散思维也称扩散思维，是由美国心理学家乔伊·吉尔福特（Joy Guilford）在《人类智力的本质》一书中作为与创造性有密切关系的思考方法提出的。他指出，“正是在发散思维中，我们看到了创造性思维最明显的标志”。发散思维是指思维从一点出发，向四面八方扩散，其本质是对同一问题从不同层次、不同角度、不同方向进行探索，从而提供新结构、新点子、新思路或新发现的思维过程。发散思维具有流畅性、灵活性和独特性等特点。发散思维的“散”，不是散乱，而是散开。散乱是没有秩序和逻辑的混乱，而散开则遵循“一生二,二生三,三生万物”的逻辑机制和内在联系性。思维漫无目的地发散，会导致大量无关信息出现，这些信息会干扰思考活动的顺利进行，成为思考活动的负担和累赘。

练一练

练习发散思维可以经常提问:“尽可能多地……”“还有没有其他可能？”“能不能用另外一种方法来解决？”“可不可以用其他的东西来代替？”请大家尽可能多地列举用“敲”的方法可以办成的事。

2. 收敛思维

收敛思维也称集中思维，是将各种信息从不同的角度和层面聚集在一起，尽可能利用已有的知识和经验，将各种信息重新进行组织和整合，实现从开放的自由状态向封闭的点进行思考，从不同的角度和层面，把众多的信息和解题的可能性逐步引导到条理化的逻辑序列中，以产生新的想法、寻求相同目标和结果的思维方法。收敛思维具有封闭性、综合性和合理性的特点。

收敛思维的具体方法很多，常见的有抽象与概括、分析与综合、比较与类比、归纳与演绎、定性与定量等。“打破砂锅问到底”的方法是运用收敛思维的一种有效方法。我国著名的教育家陶行知先生说过“发明千千万，起点是一问”，问原因、问结果、问规律、问发展，善于发现疑问、提出问题，并进行深入探索研究，这是创新的基础。

延伸阅读

隐形飞机怎么“隐身”？

隐形飞机的制造是一种多目标聚焦的结果。要制造一种使敌方的雷达探测不到，使用红外及热辐射技术等都追踪不到的飞机，需要分别实现雷达隐身、红外隐身、可见光隐身、声波隐身 4 个目标，每个目标中还有许多具体的小目标，通过具体地解决一个个小目标，最终制造出隐形飞机。

（二）正向思维与逆向思维

1. 正向思维

正向思维是依据事物发展过程建立的，是人们经常用到的思维方式。正向思维方式一次只对某一种或某一类事物进行思考，它是在对事物的过去和现在进行充分分析的基础上推知事物的未知部分，提出解决方案。正向思维具有如下特点：在时间维度上，正向思维是与时间的方向一致的，随着时间向前推进，符合事物的自然发展过程和人类认识的过程；通过认识具有统计规律的现象，正向思维能够发现和认识新事物及其本质；面对生产生活中的常见问题，正向思维具有较高的处理效率，能取得较好的效果。

2. 逆向思维

逆向思维又称反向思维，是指为实现某一创新或解决某一常规思路难以解决的问题而采用相反的思维方式来解决问题的思维方法。它主要包括反转型逆向思维法、转换型逆向思维法、缺点逆用法和反推因果法。逆向思维法的特点主要有普遍性、批判性和新颖性。逆向思维法是相对于正向思维法而言的，也就是从相反的方向来考虑问题的思维方法，它虽常常与常理相悖、打破常规，却能取得出其不意的效果。因此，在创造性思维中，逆向思维是较活跃的部分。

（三）求同思维与求异思维

1. 求同思维

求同思维是在创造活动中，把两个或两个以上的事物，根据实际的需要联系在一起进行“求同”思考，寻求它们的结合点，然后从这些结合点中产生新创意的思维活动。求同思维是从已知的事实或命题出发，通过沿着单一的方向一步步推导来获得满意的答案，进而获知客观事物的共同本质和规律。其基本方法是归纳法，而把归纳出的共同本质和规律进行推广的方法则是演绎法。在这些过程中，肯定性的推断是正面求同，否定性的推断是反面求同。求同思维进行的是异中求同，只要能在事物间找出它们的结合点，基本就能产生意想不到的结果。组合后的事物产生的功能和效益，并不等于原先几种事物的简单相加，而是整个事物出现了新的性质和功能。

2. 求异思维

求异思维是对某现象或问题进行多起点、多方向、多角度、多原则、多层次、多结果的分析和思考，以捕捉事物内部的矛盾，揭示表象下的事物本质，从而选择富有创造性的观点、看法或思想的一种思维方法。在遇到重大难题时，采用求异思维法常常能突破思维定式，打破传统规则，找到与原来不同的方法和途径。求异思维在经济、军事、创造发明、生产生活等领域被广泛应用。

（四）其他思维方式

1. 联想思维

联想思维是根据事物之间具有接近、相似或相对的特点，进行由此及彼、由近及远、由表及里的一种思考问题的方法。它通过对两种以上事物之间存在的关联性与可比性，去扩展人脑中固有的思维，使其由旧见新，由已知推未知，从而获得更多的设想、预见和推测。联想思维是建立在逻辑思维之上的正确想象的必然结果。

联想思维有三个要点：一是有接近才能联想，即联想的事物之间必须在某些方面接近与联系，能在时间或空间上将人脑与外界刺激联系起来；二是有相似才能联想，即联想的事物对大脑产生刺激后，大脑能很快做出反应，回想起与这一刺激或环境相似的经验；三是有对比才能联想，即大脑能想起与这一刺激完全相反的经验。联想思维分为相近联想、相似联想、相关联想、相反联想、因果联想和自由联想等。

练一练

请大家尝试为下面列举的四组事物建立联系，并分别用一段话进行描述。

A. 灯—污染　B. 椅子—花生　C. 毛笔—星星　D. 书—劳动

2. 类比思维

类比思维是根据两个具有相同或相似特征的事物间的对比，从某一事物的某些已知特征去推测另一事物的相应特征的思维方法。类比思维是在两个特殊事物之间进行分析比较，由于它不需要建立在对大量特殊事物进行分析研究并发现它们的一般规律的基础上，因此可以在归纳与演绎无能为力的一些领域发挥独特的作用，尤其是在那些被研究的事物个案太少或缺乏足够的研究、科学资料的积累水平较低、不具备归纳和演绎条件的领域，在创新和解决问题时具有很大的指引作用。

延伸阅读

世界上第一辆自行车

世界上第一辆自行车，其轮子是木头做的，没有轮胎，人们骑起来不仅费劲，而且颠簸得厉害，一不留神就会摔跤。大约 70 年后，苏格兰有一个名叫邓禄普的医生，因为自己的儿子骑自行车摔得头破血流，于是萌发了改进自行车的念头，但却苦于一直找不到合适的方式。一天，他握着橡胶水管给花草浇水。水管因为有水通过而鼓胀起来。他握紧又松开，觉得水管很有弹性。突然，他灵机一动：如果把灌了水的橡皮管安在自行车的轱辘上，那么轮子就有了弹性，自行车就不容易颠簸了。于是，他把儿子的自行车推到花园里，拆下轮子，配上橡胶管并灌上水。经过一遍遍的试验后，他终于安装完毕。儿子骑上后感觉棒极了。就这样，邓禄普用橡胶水管制成了世界上第一个轮胎。后来，充气的轮胎代替了灌水的轮胎。“邓禄普轮胎”很快就风靡了全世界。从这个案例中，我们可以看到类比思维在指引创新研究方面的重要作用。

3. 灵感思维

灵感思维是人们在科学研究、科学创造、产品研发或问题解决过程中突然涌现、瞬息即逝，使问题得到解决的思维方法。灵感思维具有偶然性、突发性、创造性等特点。灵感是新东西，如过去从未有过的新思想、新念头、新主意、新方案、新答案。灵感分为自发灵感、诱发灵感、触发灵感和迸发灵感等。灵感思维是三维的，产生于大脑对接收到的信息的再加工，使储存在大脑中沉睡的潜意识被激发，即凭直觉领悟事物的本质。

灵感不会在规定时间来敲门，也并非完全不可捉摸。培养灵感思维需要具备以下主观条件：要有进行创新思考的题目和目标；要有必需的相关经验和知识储备；要有对问题做较长时间反复思考的能力；要有随手记录创意的好习惯。例如：随时在口袋里准备笔记本或便笺，或者记在手机的备忘录里。如果忘了随身带笔，就要开动脑筋，如利用浴室镜子上的雾……经常把灵感记录下来，这些闪耀的智慧火花说不定有一天就可以燃成创新的熊熊火焰。因此，我们平常不仅要多思、多想、多做、多探究，让灵感时时闪现，而且要学会记录下这些灵感，并运用这些灵感来解决实际问题。

四、常见的创新方法

好的创新方法能使我们的创新事半功倍，学习并运用这些创新方法对于开展实际创新活动而言非常有必要。常见的创新方法有头脑风暴法、和田十二法、5W1H法、六顶思考帽法、思维导图法等，这里不再详细介绍。

项目五任务一
知识测验

班级______ 姓名______ 学号______

任务实施

本任务的实施可以通过网络信息检索、图书文献查阅、人物访谈等途径开展，内容围绕任务描述中的相关问题展开，具体包括理解创造性劳动的内涵与价值，了解创造性思维方式和常见的创新方法。

任务名称	体验创造性劳动、创新思维方式及创新方法
任务目的	通过跨学科课堂实践和创造性劳动，激发创新潜能，培养创新意识和解决问题的能力，同时增强社会责任感与实践技能，以促进个人全面发展。
任务步骤	通过查找书本内容、课堂学习、实践体验等方式，能够准确理解创造性劳动、创新思维方式、创新方法等的内涵，开展对应的实践体验活动，并通过小组互动的方式交流各自的经历和看法，结合教师授课内容，总结形成自己的观点。
知识点 1： 创造性劳动	
知识点 2： 创新思维	发散思维与收敛思维： 正向思维与逆向思维： 求同思维与求异思维： 其他思维方式：
小组交流内容	
总结与反思	
自测评估	

任务二 职场通用技能

任务导引

★ 沟通小游戏——开火车 ★

游戏规则：3～5 名同学一组，任意选 1 名同学当火车头，该同学站起来介绍自己，必须包括 3 个关键词：姓名，家乡，爱好。第二名同学站起来要说出前面同学的 3 个关键词，再介绍自己。比如，1 号同学说“我叫张三，来自上海，喜欢看书”，2 号同学站起来说“我是那个来自上海的、喜欢看书的、叫张三的同学后面那个，我叫李四，来自杭州，喜欢打篮球”，3 号同学接着说“我是那个来自上海的、喜欢看书的、叫张三的同学的后面，来自杭州、喜欢打篮球、叫李四的后面那个，我叫王五，我来自桂林，喜欢画画……”

同学们不能记录，仅凭记忆玩此游戏，既能加强相互了解，也同时告诉大家，记住别人的名字和喜好，是良好沟通的前提。

任务描述

职场能力分为通用技能和专业技能。通用技能是指普遍的、宽泛的个人技能和素质，如沟通表达能力、团队合作能力、创新能力、自主学习能力、分析并解决问题能力等；专业技能是本领域内要求获得的专门知识（如建筑、法律、医学等专门知识）。

本任务的具体要求如下：（1）掌握沟通和有效沟通的定义，区分有效沟通和无效沟通；（2）在社交场景中熟练运用沟通漏斗模型；（3）坚持打卡“吾日三省吾身”（7 天以上）。

任务知识

一、有效沟通的定义

沟通是一个双向互动的过程，是将个人整体的内在想法表现于外，让双方能充分了解彼此，进而达成具有建设性的共识。有人认为，99% 的矛盾是由于误会造成的，99% 的误会是由于沟通不畅造成的。因此，具有良好的沟通能力是生活幸福、职场和谐的重要前提。

二、沟通的原因

（一）生理需要

沟通在满足个体的社会和情感需要方面扮演着关键角色。沟通是人类社会交往的基础，对于建立和维护人际关系至关重要。缺乏有效的沟通可能导致孤独、焦虑和其他心理健康问题，这些问题虽然不直接威胁生命，但对个体的福祉有显著影响。有研究表明，一个人一天仅需短短 10 分钟的交往就能改善记忆力，增强智力。与他人交谈还可以减少孤独感和随之而来的疾病。

（二）认同需要

人对于自我的认同源自和他人的互动。例如，如果一个人在深山老林里独自生活，他不知道自己是美还是丑，是高还是矮。只有其他人出现，他与他人有了比较和回应，才知道上述答案。所以，如果被剥夺了与人沟通的权利，我们将无从得知自己是谁。

（三）社交需要

在学术领域，沟通通常被视为人类社会互动和关系建立的核心组成部分。有效的沟通能够促进个体之间的理解、信任和合作，从而满足归属感和社交互动的需要。沟通除了可以帮助我们诠释自我之外，也使我们和他人之间得以联结。社交需要包括娱乐、爱情、友谊、休闲等。

三、沟通漏斗模型

沟通漏斗模型是一种在沟通过程中，由于多种因素影响，因此信息传达不畅，降低了信息传递的完整度的思维模型（见图 5-1）。认真学习并且实践沟通漏斗模型，对提高你的沟通力事半功倍。

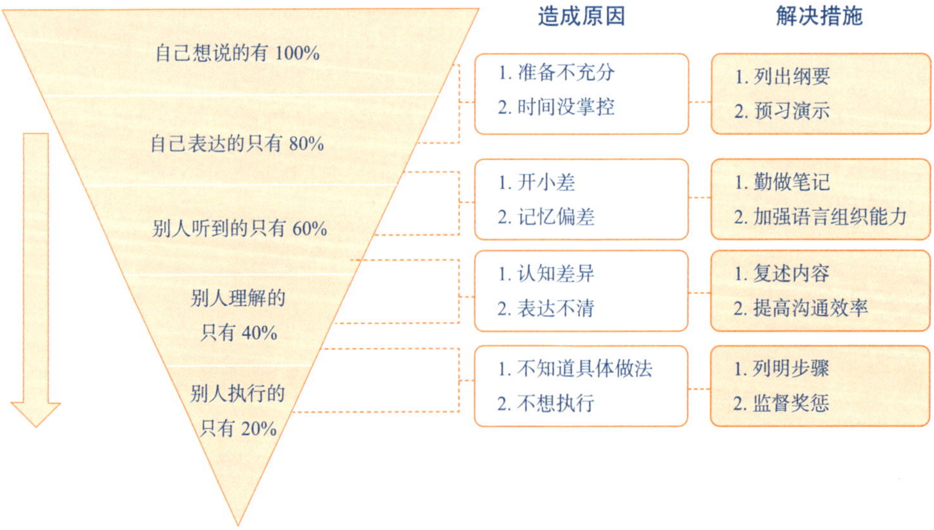

图 5-1　沟通漏斗模型

延伸阅读

吾日三省吾身

"吾日三省吾身"出自《论语·学而》。"曾子曰：'吾日三省吾身：为人谋而不忠乎？与朋友交而不信乎？传不习乎？'"大意是，曾子每天多次反省自己：为别人做事是否尽心竭力了？与朋友交往是否诚实可信？老师传授的学业是否已经温习实践了？

每天反省自己，既能直面自己的问题，及时改正，也是一种功夫，能够涵养自身的德行。孔子说："见贤思齐焉，见不贤而内自省也。"时时自省，是一种很好的提高自身沟通能力的方式。

项目五任务二
知识测验

班级＿＿＿＿ 姓名＿＿＿＿ 学号＿＿＿＿

任务实施

1. 常用礼貌用语

序号	文字内容	礼貌用语填空
1	请人勿送，应该说……	请留步
2	初次见面，应该说……	
3	受到夸奖，应该说……	
4	拜访客户，应该说……	
5	先走一步，不能继续陪对方了，应该说……	
6	祝贺别人乔迁新居，应该说……	
7	好久不见，应该说……	

2. 慎用反问句

序号	反问句内容（×）	用陈述句的表述（√）
1	你看不见杯子在那里吗?	我看见杯子在第二层柜子里。
2	没看见我正忙着吗?	
3	这都还没懂吗?	
4	你早干吗去了?	

总结反问句的特点：

（1）反问句透露出你的答案。

（2）反问句潜藏着你对待别人态度、能力和品格的质疑。

任务三 数字劳动和未来劳动

任务导引

★ 通用人工智能未来已来 ★

“你好，请把面包和水果分开摆放。”听到指令，“青龙”双臂轻展，用五根钢铁手指，将一根柔软的面包轻轻捏起，放在了一旁，面包上甚至没有留下一点抓痕。2024 年 7 月 4 日举行的 WAIC“人形机器人与具身智能发展论坛”上，国家地方共建人形机器人创新中心首次发布开源通用人形机器人公版机“青龙”（这是国内首款全尺寸通用人形机器人公版机），并同时宣布开源其人形机器人相关技术。在行业专家看来，具身智能是实现人工通用智能的有效途径。

“青龙”人形机器人身高 185 厘米，体重 80 千克，拥有高度仿生的躯干构型和拟人化的运动控制，支持多模态机动、多模态感知、多模态交互和多模态操控。全身多达 43 个的主动自由度能让它不仅大脑发达，小脑控制也行动自如。运动能力上，“青龙”人形机器人同时具备高机动下肢行走配置与轻量化高精度上肢作业配置，支持快速行走、敏捷避障、稳健上下坡和抗冲击干扰四大运动功能，是通用人工智能软硬件开发的理想载体。

“今年龙年，我们发布的人形机器人取名‘青龙’，并以此为起点打造人形机器人开源社区。”国家地方共建人形机器人创新中心首席科学家江磊说，“青龙”从机器人平台技术、具身智能、场景数据集和智能训练场四个方面，通过开源数据场景和行业专用数据场景来赋能不同的行业和人形机器人应用。“通过开源，希望每年亮相一款全新的人形机器人，并以 12 生肖命名，打造属于我国的人形机器人创新社区。”

资料来源：马亚宁 . 2024 世界人工智能大会 | 具身智能 + 人形机器人，通用人工智能未来已来 [N] . 新民晚报，2024-07-05.

任务描述

在党的二十届三中全会上，“数字经济”被直接提及，彰显其在国家战略中的重要地位。在大国体系中，数字经济产业已全面启动。银河证券的研报分析显示，预计至 2035 年，我国数字经济规模将达到 GDP 的 71.6%，成为推动经济发展的核心动力。智能劳动是数字经济形态的主导性生产方式，正如“机器大工业”对“手推磨作坊”的碾压式替代，劳动者的生产工具、劳动对象以及最终产品，在数字时代都实现了更新换代。这种生产方式以网络平台为依托，以线上作业为主导，以数字产品为载体，形成了数字劳动的智能化样态。数字劳动正在获得越来越强大的劳动能力，大规模走进社会经济各领域，替代人类承担越来越多的劳动任务和工作职责。

本任务的具体要求如下：（1）认识以数字劳动为特点的未来劳动形态；（2）明确数字劳动者和未来劳动者的素质能力要求。

任务知识

一、数字劳动

（一）数字劳动概况

随着数字化和智能化技术的快速发展，社会生产和生活的各个方面都发生了深刻的变化。数字技术和信息与通信技术成为劳动工具和生产领域的重要组成部分，形成了新型的劳动方式。这种新型劳动方式既包括互联网硬件设备生产的体力劳动，也包括软件开发、网络平台设计与维护等脑力劳动。数字劳动的兴起，不仅改变了传统劳动的形式，也极大地丰富了劳动的内容和形式，使得劳动更加多样化和个性化。

在数字劳动的背景下，越来越多的人开始被吸纳进互联网所构建的虚拟空间，成为推动互联网产业发展的数字劳动者。这一背景下的劳动力市场，不再局限于传统的生产流水线，而是扩展到了无边界的网络空间。在这里，数字劳动者利用智能设备和网络平台，进行跨地域、跨时区的远程协作，处理海量的数据信息，创造知识产品，并提供个性化的服务。这种转变不仅反映了从物质生产向信息生产和知识创造的重心转移，也体现了从固定工作地点向灵活工作模式的演变，以及从单一职业技能向跨学科综合能力的提升，从而构成了数字劳动发展的复杂而多维的背景。数字劳动的普遍化，不仅反映了社会生产方式的变革，也体现了人们对数字化技术的依赖和利用，是全球经济结构转型和科技进步共同作用的产物。

（二）数字劳动与数字技术

1. 互联网技术与数字劳动

互联网技术的发展为数字劳动提供了前所未有的便利。在我国，远程会议平台如钉钉、腾讯会议等已经成为企业日常运营的重要组成部分。它们不仅支持实时沟通和协作，还提供了丰富的文档共享和在线协作工具，使得跨地域团队能够高效协作。在线教育平台如中国大学 MOOC、网易云课堂等，为学习者提供了丰富的资源，推动了终身学习和职业发展。

互联网技术的应用使得劳动者可以实现跨地域协作，提高了工作效率。例如，我国的跨国公司如华为、阿里巴巴等，其项目团队成员可能分布在世界各地，通过互联网技术，他们可以实时沟通、共享文档、协作开发，从而加快项目进度。此外，互联网技术还促进了共享经济的发展，如神州租车、美团等平台，为劳动者提供了更多灵活的工作机会。

2. 大数据技术与数字劳动

大数据技术在市场分析、消费者行为研究等领域发挥着重要作用。数据分析师、商业智能工程师等职业应运而生，他们通过分析大数据，为企业提供决策支持。例如，我国的电商企业如京东、拼多多等，通过分析消费者的购买行为和浏览历史，为用户推荐个性化的商品，从而提高销售额。

大数据技术还可以帮助企业优化供应链管理，降低运营成本。例如，我国的物流公司如顺丰速运、中通快递等，通过分析实时交通数据，调整配送路线，降低运输成本。此外，大数据技术在医疗领域也有广泛应用，如通过分析患者的医疗记录，预测疾病发展趋势，为医生提供诊疗依据。

3. 人工智能技术与数字劳动

人工智能技术的飞速发展，正以前所未有的方式深刻改变着数字劳动的面貌，不仅推动了生产力的飞跃，还促进了服务模式的创新，实现了更加高效、精准和个性化的价值创造。在自动化、预测分析、个性化服务等多个维度上，人工智能技术展现出了其不可估量的潜力，为数字劳动注入了新的活力与可能。

聊天机器人、自动驾驶车辆、智能推荐系统等都是人工智能技术在数字劳动中的具体应用。例如，我国的银行如中国工商银行、中国建设银行等，利用聊天机器人提供 24 小时在线客户服务，解答客户疑问，节省了人力成本。自动驾驶车辆的研发，使得物流行业实现了自动化运输，提高了运输效率。智能推荐系统如淘宝、百度等，根据用户的观看和购买历史，为用户推荐个性化的内容，提升了用户体验感。

4. 云计算技术与数字劳动

云计算技术不仅是数字时代的基础设施，而且是推动数字劳动创新与变革的关键力量。云计算技术通过提供弹性可扩展的计算资源、高效的数据存储与处理能力，以及便捷的应用部署与管理服务，极大地降低了数字劳动的技术门槛和成本，使得劳动者能够更加专注于业务逻辑和创新实践。在数字劳动场景中，无论是初创企业还是大型企业，都能借助云计算平台快速构建并优化其业务流程，实现资源的灵活配置和高效利用。同时，云计算技术还促进了数据的共享与流通，为数字劳动提供了丰富的数据源和洞察力，助力劳动者做出更加精准和科学的决策。因此，云计算技术不仅是数字劳动的技术支撑，而且是推动其持续发展的重要引擎。

在我国，云服务工程师、云应用开发者等职业在云计算技术的推动下日益重要。例如，腾讯云、阿里云等，利用云计算技术搭建了弹性计算平台，根据业务需求灵活调整计算资源，降低运营成本。云应用开发者可以利用云计算平台快速开发和部署应用程序，提高开发效率。此外，云计算技术还为大数据分析和人工智能应用提供了强大的支持，使得劳动者可以充分利用这些先进技术。

（三）数字劳动者的技能与素养

在日新月异的数字劳动时代，劳动者面临着前所未有的挑战与机遇。因此，未来劳动者需要构建一套全面而深入的技能与素养体系，以适应不断变化的工作环境并持续成长。

1. 数字劳动者的技能要求

（1）技术精通与多样性。数字劳动者应至少精通一种编程语言（如 Python、JavaScript），掌握多种数据分析工具（如 Excel、Tableau、Pandas 等），以及设计软件和项目管理工具（如 Figma、Jira）。随着技术的发展，他们还需要具备快速学习新兴技术如人工智能、区块链等的能力，以适应不断变化的技术环境。

（2）信息处理能力。在海量数据中高效筛选、整理、分析和提炼关键信息已成为关键技能。数字劳动者需要运用统计方法、数据可视化技术等手段，将复杂数据转化为直观易懂的信息，为决策提供有力支持。

（3）全球化沟通与协作。跨越地理界限的团队合作已成为常态，因此，优秀的跨文化沟通能力、远程协作工具使用技巧（如 Zoom、腾讯会议等）以及高效的会议管理能力都是不可或缺的。

（4）创新思维与跨界融合。数字劳动鼓励跳出传统框架，将不同领域的知识和技术进行跨界融合，以创造新的价值和服务。这要求数字劳动者具备开放的思维方式和强烈的创新意识。

2. 信息素养与数字能力

（1）信息素养深化。除了基本的识别、获取、评估和使用信息外，数字劳动者还需要培养批判性思维，学会在信息洪流中辨别真伪，保护个人隐私和数据安全，遵守伦理规范和法律法规。

（2）数字能力强化。数字劳动者需要熟练运用各类数字工具、平台和资源，包括但不限于云计算、大数据、物联网技术等，以提高工作效率和创新能力。同时，数字劳动者需要掌握网络安全知识，防范数字风险，确保业务的连续性。

3. 创新思维与问题解决能力

（1）系统性思维与创新。面对复杂的问题，数字劳动者需要采用系统性思维方法，将一个问题拆解为多个子问题，逐一解决。同时，数字劳动者需要尝试新方法、新技术，勇于突破传统思维的束缚，创造独特的解决方案。

（2）敏捷响应与快速迭代。在快速变化的市场环境中，数字劳动者需要具备敏捷的响应能力，能迅速识别市场趋势和客户需求的变化，并通过快速迭代产品和服务来应对这些变化。

（3）团队合作与领导力。在问题解决过程中，有效的团队合作至关重要。数字劳动者需要具备良好的团队合作精神，能够与他人协同工作，共同面对挑战。同时，数字劳动者需要具备一定的领导力，能够引领团队向共同目标前进。

4. 终身学习与职业发展

（1）建立持续学习文化。数字劳动者需要将学习视为一种生活方式，而非阶段性任务；制订个人学习计划，定期参加在线课程、研讨会、行业会议等，紧跟技术前沿和行业趋势。

（2）跨界学习与自我挑战。数字劳动者需要进行跨界学习，拓宽知识视野，将不同领域的知识和技能融合应用于实际工作中；同时，勇于挑战自我，不断设定新目标，突破个人极限。

（3）职业规划与自我管理。数字劳动者需要根据个人兴趣和职业发展目标，制定明确的职业规划路径；通过设定短期和长期目标，并持续努力实现这些目标来推动个人职业发展；注重自我管理和时间管理，提高工作效率和生活质量。

（四）数字劳动的挑战与问题

1. 数字劳动的法律与伦理问题

数字劳动的发展带来了新的法律和伦理问题，其中最核心的包括知识产权、隐私保护和数据安全。在数字劳动环境中，知识产权的界定和保护尤为复杂，尤其是在创意产业和数字内容生产领域。隐私保护问题涉及个人数据的收集、存储和处理，如何在满足企业需求的同时保护劳动者的个人隐私，成为一大挑战。数据安全则关注如何防止数据泄露和数据滥用。确保数据安全是数字劳动中的重要议题。例如，在数字内容创作领域，版权问题经常出现。某个平台上的内容创作者可能会遇到自己的作品被他人抄袭或未经授权使用的情况。这不仅侵犯了创作者的知识产权，也损害了其经济利益。另一个例子是大数据分析中个人隐私的泄露，如一些公司未经用户同意收集和分析其个人信息，导致用户隐私受到侵犯。

2. 数字鸿沟与劳动不平等

数字鸿沟是指由于技术普及程度和应用能力的差异，不同群体在获取数字劳动机会和收益上存在差距。这种差距可能源于教育水平、地理位置、经济条件等多种因素。数字鸿沟可能导致劳动机会和收入的不平等，使得某些群体无法充分利用数字劳动带来的机遇。例如，偏远地区的劳动者可能因为缺乏互联网接入和数字技能培训，而无法参与数字劳动市场。因此，为缩小数字鸿沟，政府和企业需要采取一系列措施：政府可以提供宽带网络接入和数字技能培训项目，帮助弱势群体提高数字技能。企业可以开展社会责任项目，为社区提供数字技能培训和就业机会。此外，政府还可以通过政策支持，鼓励企业提供远程工作机会，使劳动者不受地理位置限制。

3. 数据隐私与劳动者权益

在数字劳动环境中，劳动者如何在保护个人数据的同时维护自身权益是一个重要议题。随着企业对数据的依赖增加，劳动者个人数据的安全和隐私保护成为关注焦点。劳动者需要了解企业数据使用政策，确保自己的个人数据不被滥用。同时，劳动者也应关注自己的权益保护，如在签订劳动合同时明确数据隐私条款，以及在发现个人数据被滥用时采取法律行动。例如，不少公司已经在其数据使用政策中明确规定，未经员工同意不得收集和分析其个人信息。同时，一些公司还设立了隐私保护委员会，负责监督和审查数据使用情况，确保劳动者的权益受到保护。

二、未来劳动

未来劳动将受到科技革命的重大影响，劳动力的内涵将发生深刻的变革。随着现代医学科技和互联网、数字技术的发展，劳动者的健康得到了更好的保障，智能技能水平也得到了显著提升。机器人尽管取代了部分传统劳动岗位，但同时也减少了人类劳动的风险和牺牲，使劳动过程更加安全、舒适。未来，人类将主要从事科学研究、娱乐创作、游戏开发等令人精神愉悦的智能劳动，更多地适应以精神文化、智能创造为核心的工作模式。

（一）未来劳动的内容和特点

1. 智能化与自动化的深化

随着AI算法的不断优化、机器人技术的日益成熟以及物联网技术的广泛应用，智能化与自动化将渗透到更多行业与岗位。这不仅意味着传统劳动密集型产业将经历深刻转型，还预示着新兴产业如智能制造、智能服务、智能医疗等领域的蓬勃发展。劳动力将更专注于策略规划、创新设计、情感交流等机器难以替代的领域，推动社会生产力迈上新台阶。

2. 人机深度融合的协作模式

在智能时代，人类与机器的关系将从简单的替代走向深度的共生与协作。智能机器不仅是工具的延伸，而且成为人类智慧与体力的强大补充。通过高度集成的智能系统，人类能够实时监控、调整和优化机器的运行状态，同时机器也能根据人类的需求与偏好提供个性化服务。这种人机协作模式将极大地提升工作效率，拓宽劳动边界，创造出前所未有的价值。

3. 信息与数据成为核心生产要素

随着大数据、云计算、区块链等技术的广泛应用，信息与数据已成为推动经济社会发展的重要资源。未来的劳动将更多地围绕信息的采集、处理、分析与应用展开，数据科学家、数据分析师、数据工程师等职业将日益重要。劳动成果也将以数据化、可视化的形式呈现，为企业决策、政策制定、科学研究等提供有力支持。

4. 体力劳动与脑力劳动的新平衡

新时代的体力劳动并非简单的重复与机械，而是融入了更多科技元素与智能技术。例如，智能穿戴设备、外骨骼机器人等技术的应用，使体力劳动更加高效、安全且舒适。同时，脑力劳动也更加注重创新思维与跨界融合，强调跨学科、跨领域的综合能力。体力劳动与脑力劳动在新技术的推动下，实现了更高层次的融合与平衡。

5. 个人创造力与集体智慧的双重彰显

在智能时代，个人创造力与集体智慧的重要性得到前所未有的凸显。一方面，个性化定制、众包创新等模式的兴起，为个体提供了展示才华与实现价值的广阔舞台；另一方面，面对复杂多变的社会问题与商业挑战，集体智慧的力量显得尤为重要。通过云计算、社交媒体等平台，人们能够跨越地域、行业与文化的界限，实现知识与资源的共享与整合，共同推动社会进步与文明发展。

（二）未来职业劳动的变化

1. 未来职业劳动的淘汰

（1）重复性高、创造性低的工作。这类工作主要包括体力劳动和机械操作性工作，其劳动者如制造业中的流水线工人、物流业中的快递员、餐饮业中的洗碗工等。这些工作由于重复性高、创造性低，因此很容易被取代。例如，在物流业，无人机和自动驾驶车辆正在逐步取代传统的快递员；在餐饮业，自动洗碗机和智能烹饪设备也在减少对人工洗碗工和厨师的需求。

（2）知识更新慢、专业性弱的工作。这类工作主要包括一些简单的文书工作或服务性工作，其劳动者如银行中的柜员、酒店中的前台人员、广告公司中的打字员等。随着互联网和智能设备的普及，这些工作将逐渐被自动化和智能化设备所取代。例如，自助服务机在银行网点的广泛应用减少了对柜员的需求；智能语音助理在酒店中的应用也降低了前台人员的工作负担。

（3）竞争激烈、利润低下的工作。这类工作主要存在于一些传统行业或职业中，其劳动者如零售业中的店员、出版业中的编辑、新闻业中的记者等。由于市场竞争激烈且利润空间有限，这些工作在未来可能面临更大的挑战。例如，无人售货机在零售业的普及正在减少对店员的需求；人工智能写稿机器人也将在新闻业中逐渐取代部分文员、记者的工作。

（4）与时代脱节、与社会需求不符的工作。随着科技的发展和社会的进步，一些传统的工作岗位可能会逐渐消失或被新兴岗位所取代。例如，传统的照相和冲印服务正在被手机摄影和云相册所取代；传统的放映和观影服务也正在被数字投影和网络视频所取代。

2. 未来职业劳动的创造

（1）创新性强、创造性高的工作。这类工作主要包括科技创新、艺术创作、商业创意等领域的工作，其劳动者如科研人员、设计师、编剧、创业者等。随着科技的进步和社会的发展，这些领域将需要更多的创新型人才来推动产业的升级和转型。例如，在科研领域，人工智能和大数据技术的应用将催生更多的科研岗位；在设计领域，虚拟现实和增强现实技术的发展也将为设计师提供更多的创作空间。

（2）专业性强、知识性深的工作。这类工作主要包括需要深厚专业知识和技能的工作，其劳动者如医生、教师、律师等。随着社会对专业性和知识性要求的提高，这些领域的工作岗位将变得更加重要和稀缺。例如，在医疗领域，随着人口老龄化和慢性病发病率的上升，对医生的需求将不断增加；在教育领域，随着在线教育的兴起和个性化学习需求的增加，教师的角色也将发生转变和升级。

（3）服务性强、人际性好的工作。这类工作主要包括销售、咨询、心理服务等需要良好人际沟通能力和服务意识的工作。在消费升级和个性化需求增加的背景下，这些工作将变得更加重要和有价值。例如，在销售领域，数字营销平台的发展将需要更多的销售人员来分析和转化客户；在咨询领域，自动化咨询平台虽然能提供初步的数据收集和问题诊断服务，但最终的解决方案仍然需要人的参与和判断。

（4）与时代同步、与社会需求相符的工作。这类工作主要包括符合时代发展和社会需求的新兴工作，其劳动者如新能源工程师、新媒体运营专员、新零售经理等。随着科技的进步和社会的发展，这些新兴岗位将不断涌现并成为未来就业市场的重要组成部分。例如，在新能源领域，随着全球对可持续发展的重视和新能源技术的不断发展，对新能源工程师的需求将不断增加；在新媒体领域，随着互联网的普及和社交媒体的兴起，新媒体运营专员也将变得更加重要。

世界经济论坛《2023年未来就业报告》所列出的未来最需培养的十项技能如图5-2所示。

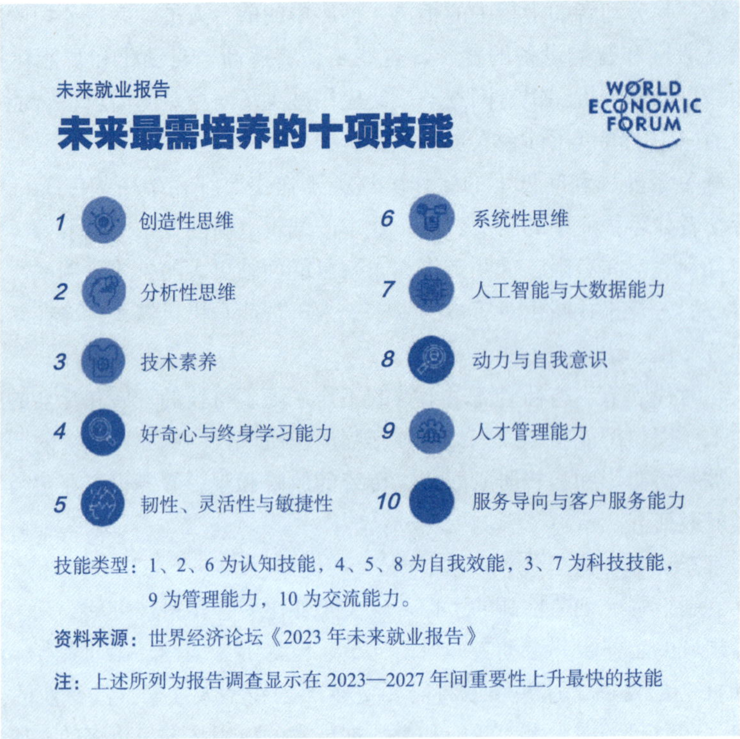

图5-2　未来最需培养的十项技能

（三）未来劳动者的技能与素养

在快速变化的全球经济与技术革新浪潮中，劳动者的技能与素养不仅成为决定其职业竞争力的核心要素，而且成为塑造未来就业前景、引领行业变革的关键驱动力。随着人工智能、大数据、云计算等技术的飞速发展，传统的工作模式与职业结构正经历着深刻的变革。面对这一挑战，劳动者需要不断适应新技术带来的变化，掌握并熟练运用新兴技能，如数据分析、编程、人工智能应用等，以提升自己的专业能力和竞争力。

同时，跨领域融合能力、创新思维、问题解决能力等软技能也日益受到重视。这些技能能够帮助劳动者在复杂多变的工作环境中迅速适应变化，提出创新性的解决方案，推动项目或企业向前发展。此外，终身学习的意识与习惯也是未来劳动者不可或缺的品质。在知识更新速度极快的今天，只有保持对新知识、新技能的渴望和追求，才能在激烈的职场竞争中保持领先地位。

1. 分析性思维：职场决策的基石

分析性思维在未来职场中的重要性日益凸显。随着数据量的爆炸性增长和决策复杂性的提升，能够运用逻辑思维、数据分析工具和方法来解决问题、制定策略的能力将成为劳动者的核心竞争力。分析性思维不仅关注对数据的解读，更在于从海量信息中提炼出有价值的见解，为企业的战略决策提供有力支持。

2. 创造性思维：创新驱动的源泉

与分析性思维并驾齐驱的是创造性思维。在快速变化的商业环境中，创新能力是企业保持竞争优势的关键。劳动者需要具备跳出传统框架、勇于尝试新事物的勇气和能力，通过创造性思维来推动产品和服务的创新，满足市场不断变化的需求。创造性思维不仅体现在产品设计、市场营销等前端环节，也贯穿于企业运营的各个环节，是推动企业持续发展的重要动力。

3. 技术素养：数字时代的必备能力

随着数字化、智能化的深入发展，技术素养成为未来劳动者不可或缺的能力。这包括掌握基本的数字技能，如计算机操作、互联网应用、数据分析等，以及了解新兴技术如人工智能、大数据、云计算等的基本原理和应用场景。技术素养的提升能够使劳动者更好地适应数字化工作环境，提高工作效率和质量，同时也为企业的数字化转型提供有力支持。

4. 领导力和社会影响力：引领变革的力量

在未来的职场中，领导力与社会影响力将成为衡量劳动者综合素质的重要指标。领导力不仅体现在带领团队完成任务的能力上，更在于激发团队成员的潜能、推动组织变革和创新的能力。社会影响力是指劳动者在社会中能够发挥积极作用、推动社会进步的能力。具备领导力和社会影响力的劳动者将能够更好地适应复杂多变的职场环境，成为引领变革的重要力量。

5. 好奇心和终身学习能力：适应未来的关键

面对快速变化的世界，好奇心和终身学习能力将成为劳动者适应未来的关键。好奇心驱使人们不断探索未知领域、学习新知识，而终身学习能力则使人们能够在职业生涯中不断提升自己的技能，保持竞争力。在未来的职场中，只有那些不断学习、不断进步的人才能跟上时代的步伐，实现个人价值和社会价值的双重提升。

项目五任务三

知识测验

学号 姓名 班级

任务实施

本任务的实施可以结合课堂所学、课外拓展等途径开展，内容围绕任务描述中的相关知识点展开，具体包括理解数字劳动、未来劳动的内涵与价值，了解未来职业劳动的变化、未来劳动者需要具备的技能与素养。

任务名称	了解与体验数字劳动与未来劳动
任务目的	全面了解数字劳动与未来劳动的概念、特征及发展趋势，通过实践活动体验数字劳动的工作流程，掌握数字劳动的基本技能，并分析未来劳动的特点和挑战。
任务步骤	首先，学习数字劳动的相关知识，包括数字劳动的概念、特征及发展趋势；其次，参与数字劳动的实践活动，体验数字劳动的工作流程，掌握数字劳动的基本技能；然后，分析未来劳动的特点和挑战，为自己的职业规划提供参考；最后，通过小组互动的方式交流各自的经历和看法，结合教师授课内容，总结形成自己的观点。
知识点 1： 数字劳动	
知识点 2： 未来劳动	
知识点 3： 未来职业劳动的变化	
知识点 4： 未来劳动者的技能与素养	
小组交流内容	
总结与反思	
自测评估	

项目六 生活因劳动而美好：大学生与生活劳动

知识目标

1. 能够掌握常见的生活劳动的类别
2. 能够了解生活劳动的意义
3. 能够熟悉生活劳动的小窍门
4. 能够知晓“碳达峰、碳中和”的含义

技能目标

1. 能够完成基础的烹饪、园艺、女红、护理等生活劳动
2. 能够运用正确的工具完成生活劳动
3. 能够制订个人绿色低碳计划

素质目标

1. 树立正确的劳动观念
2. 培养勤劳、勇敢、勇于创新的品质
3. 树立绿色低碳意识

任务一 认识生活劳动

任务导引

★ 家务劳动负担较多义务方可主张补偿金 ★

2019 年 5 月 9 日，原告朱某与被告李某某登记结婚，婚后生育一子。双方在共同生活期间，由于被告李某某对家庭照顾较少及其他家庭琐事等原因产生矛盾，多次协商离婚未果。后原告朱某向人民法院起诉要求离婚及分割财产。原告朱某主张其因抚育子女、照料老人等原因负担了较多义务，请求被告李某某额外支付经济补偿金。

人民法院经审理认为，原告朱某与被告李某某登记结婚后应共同维护和睦的婚姻家庭关系，但双方在共同生活中产生矛盾后未能理性处理，现双方都同意离婚，原、被告之间的夫妻感情已完全破裂，且无和好的可能，对原告朱某要求离婚的诉讼请求依法予以支持。原告朱某生育小孩后，朱某在抚育小孩等方面负担了较多的义务，被告李某某应适当给予原告朱某经济补偿。

案例解读：因家庭琐事引发矛盾导致感情破裂已经成为婚姻解体的主要原因之一，现实中存在家务劳动价值未被尊重甚至不被承认的情况。《中华人民共和国民法典》全面维护个人与家庭的权益，通过明确离婚经济补偿制度、离婚经济帮助制度和离婚损害赔偿制度，构建了我国离婚救济体系。其将离婚经济补偿的适用范围从仅能适用夫妻分别财产制扩大到夫妻共同财产制，从法律层面承认了家务劳动的价值，通过平衡离婚利益合理分配的机制，真正实现了法律实质意义层面婚姻制度的公平和正义，既是新形势下保护离婚当事人合法权益的需要，也是配偶身份权的民法属性的直接反映。

家务劳动价值应当得到尊重，夫妻中一方因抚育子女、照顾老人、协助另一方工作等负担较多义务的，有权请求离婚经济补偿。

资料来源：贵州省高级人民法院．家务劳动负担较多义务可主张补偿金——省高级人民法院发布适用民法典典型案例（四）[EB/OL]．(2021-09-06)[2025-04-27] 网易．

任务描述

劳动不仅是谋生的手段，更是“生活的第一需要”。从某种意义上说，劳动既是对生活内涵的挖掘，又是对生活外延的拓展。那么，什么是生活劳动？在日常生活中，哪些事情需要既动手又动脑地去劳动？生活劳动对当代大学生有何意义？本任务将带你了解生活劳动的范畴，探索生活劳动的意义，从而帮助你逐步形成并完善对生活劳动的认知。

本任务的具体要求如下：(1) 了解生活劳动的概念；(2) 了解常见的生活劳动的类别；(3) 理解生活劳动对当代大学生的意义。

任务知识

一、生活劳动的概念

劳动是世界上一切欢乐和美好事情的源泉。劳动，是将自己积极投入生活的实践，是对生命的理解和融入，是对生活的创造和把握。在共产主义社会高级阶段，劳动不仅是谋生的手段，更是“生活的第一需要”。在日常生活中，人们要想解决吃、穿、住的问题，都要付诸劳动。生活劳动就是为改善生活环境、提高生活质量而进行的自理性、服务性、无报酬性劳动，是社会分工体系中不可缺少的一部分。

二、生活劳动的类别

按照传统的劳动分类理论，生活劳动可分为脑力劳动和体力劳动。但由于人的任何行为都是人的意识主体与生命本体进行综合的结果，因此在生活实践中，无法完全分割体力劳动和脑力劳动。也有学者认为，由于劳动是人类运动的一种特殊形式，因此，生活劳动可以根据人类运动的形式分为体力劳动、脑力劳动和生理力劳动。根据所发生的场所，生活劳动可分为家务劳动和工作 / 学习场所的劳动。下面主要介绍家务劳动和工作 / 学习场所的劳动。

(一) 家务劳动

家务劳动是指家庭成员在日常的家庭生活中必须从事的- 种无报酬性劳动，包括洗衣做饭、照看孩子、购买日用品、清洁卫生、照顾老人或病人等。

由于家庭生活是实现消费的小市场，因此家务劳动是实现消费的必要手段。例如：农村生产的粮食、蔬菜需要通过家务劳动方能成为可口的饭菜；市场上的家用电器如洗碗机、扫地机器人等，需要通过调节家务劳动来购买。这样的消费势必对社会生产产生刺激和促进作用，而家庭所生产的工艺及农副产品也能给社会生产以补充。从这个意义上讲，家务劳动对社会有着不容忽视的作用。

(二) 工作 / 学习场所的劳动

有人生活的地方就有劳动的存在。无论是工作场所还是学习场所，都涉及打扫、整理、收纳，甚至园艺、女红和烹饪等劳动。良好的工作 / 学习环境能够凝聚人心，激发人们积极向上；反之，则会影响人们工作、学习任务的完成，甚至损害身心健康。因此，在工作 / 学习场所，需要对生活劳动进行合理分工。

三、常见的生活劳动

近年来，伴随“慢生活”和“乐活”两个概念的走红，生活劳动如烹饪、烘焙、刺绣、园艺等备受推崇，成为人们品味生活的一种方式。此外，还有护理、维修、维护等方面的生活劳动。

（一）烹饪

自人类学会使用火以来，烹饪一直是永恒的话题。“烹”是指煮，“饪”则是指熟。狭义的烹饪是指对食材进行热加工，将生食材转化为熟食品；广义的烹饪则是指将食材转化为食物的加工过程，在此过程中要对食材进行加工处理，使其尽可能色、香、味、形、质俱全。中国的饮食文化源远流长，中华美食是世界著名的美食之一。至清初，鲁菜、苏菜、粤菜、川菜均成为颇有影响力的菜系；至清末，浙菜、闽菜、湘菜、徽菜这四种新菜系形成，与鲁菜、苏菜、粤菜、川菜共同构成如今著名的“八大菜系”。

（二）烘焙

烘焙又称烘烤、焙烤，通常是指在食材燃点之下通过干热的方式使食材脱水变干变硬的过程。此过程中，食材会发生一系列化学变化，如淀粉糊化、蛋白质变性等，最终熟化，食物的口感也发生了明显改善。

烘焙食品是以糖、粮、油、蛋等为基础原料，添加适量辅料，通过和面、成型、焙烤等工序制成的营养丰富、口味多样的食品，其中最具有代表性的食物之一是面包。据史料记载，面包的制作起源于古埃及，经过改良后又传至欧洲大陆。欧洲代表性的面包有意大利的夏巴塔、芬兰的黑麦面包、法国的法棍、英国的司康饼和德国的纽结饼等。

自改革开放以来，我国焙烤食品行业得到了较快的发展，消费者对烘焙食品的需求也日益呈现出高品位、高质量的特征，烘焙食品行业逐渐成为一个独特的中西饮食文化交融的新兴行业。

（三）刺绣

中国传统刺绣，凭借一根细针、数缕彩线，在绸缎布帛之上描绘出数千年文明图卷。它不仅是精美绝伦的手工技艺，更是中国人民审美情趣与精神世界的重要载体。

中国刺绣源远流长。战国、秦汉时期，随着丝绸业的兴盛，刺绣已显露出高超技艺。长沙马王堆汉墓出土的精美绣品，针脚细密流畅，纹样古朴大气，证明了两千多年前的辉煌。唐宋之际，刺绣迎来大发展。宫廷设立绣院，专为皇室制作华服珍品，针法日益丰富，题材也从实用装饰扩展到艺术欣赏。明清两代堪称刺绣的鼎盛时期。皇家织造机构云集了各地巧匠，龙袍、官补等宫廷绣品集奢华与权威于一体；民间则孕育了“四大名绣”——苏绣细腻雅致、湘绣色彩浓烈、粤绣金碧辉煌、蜀绣生动写意，各具地方特色。打籽绣、盘金绣、平金绣等独特针法更极大提升了艺术表现力，花鸟虫鱼、山水人物皆可跃然布上，令人叹为观止（见图 6–1）。

进入现代，传统刺绣一度面临挑战。然而，其深厚的文化价值与独特魅力从未被遗忘。国家将其纳入国家级非物质文化遗产代表性项目名录予以重点保护，大量珍贵古代绣品在博物馆中获得妥善保存与研究。更令人欣喜的是，这门古老技艺在当代焕发出蓬勃生机。新一代传承人在坚守传统核心针法与审美的基础上，大胆创新。同时，刺绣艺术也通过国际展览、时尚设计、文创产品等方式走向世界，成为中国文化“软实力”的闪亮名片。

图 6-1　刺绣示例

（四）园艺

“园艺”一词有两个含义：其一是农业术语——专园艺（Horticulture），是指果树、蔬菜和观赏植物的栽培、繁育技术和生产经营方法；其二是流行在普通大众语言中的普园艺（Gardening）（见图 6-2），是指和园地活动有关的劳动与工作。“一花一世界，一木一浮生”，园艺活动让我们在照料植物的过程中回归自我，使自己的身心得以释放。园艺活动的养生作用已被医学界认可，专家将通过园艺活动来保持身心健康的方法称为“园艺疗法”。现在，园艺疗法被认为是补充现代医学不足的辅助疗法，是协助病人减轻病痛、抚慰情绪的有效方式。

图 6-2　园艺示例

1. 养花

花卉种类繁多，种花之初首先要考虑哪种花卉适合自己。可以根据自己的喜好或保健需求选择花卉，例如：天竺花有镇定、消除疲劳、促进睡眠的作用，卧室里放两盆天竺花，可减轻失眠症状；荷花、玫瑰的清香，可预防冠心病的发作；栀子花的香味能清肝利胆，有助于防治肝炎和胆囊炎等。

2. 插花

插花是通过对自然的植物、鲜花进行再造重组，创造性地呈现一种全新景观的艺术表达方式（见图 6–3）。它既源于自然又高于自然，融自然、艺术、思想、情趣于一体，不仅可以修身养性，而且日益成为象征生活时尚的一种专业劳动技能。

图 6–3　插花示例

3. 盆景制作

盆景被誉为“立体的画”和“无声的诗”，是中华优秀传统文化之一。它以植物、山石、土、水等为材料，经过艺术创作和园艺栽培，在盆中典型而集中地塑造大自然的优美景色，达到缩地成寸、小中见大的艺术效果，犹如立体而美丽的缩小版的山水风景区，同时以景抒怀，表现深远的意境（见图 6–4）。

图 6–4　盆景示例

4. 种菜

中国人的种菜技能誉满全球，几乎有中国人的地方，就有菜园。极地、沙漠、太空……种种极限条件，都无法阻挡中国人把种子撒播在“希望的田野上”。近年来，越来越多的年轻人讲求“亲近自然，绿色生活”，阳台小菜园也成为一种崭新的家庭生活时尚。

（五）特殊人群护理

护理伴随着人类的产生而产生，是人们谋求生存的本能和需要。早期的护理多为家庭护理、经验护理，以劳务的形式存在，医者也常常兼任医护。随着生物医学的发展，护理逐渐成为一门科学、一种专业，各类专业护理机构也不断涌现，如针对产妇和新生儿的月子中心、针对需要长期护理服务的患者的护理院和各级各类的养老服务机构等，但居家护理如婴幼儿护理、老年人护理仍是日常生活中人人皆可参与的基本劳动。

（六）常用电器维修

电器在现代家庭中扮演着非常重要的角色，如空调、洗衣机、冰箱、灯具、电视机等。在其使用过程中发生故障是常见的事情，预约维修工人进行一次简单的维修往往费时费钱，学会自己维修既可以节省时间，又可以减少不必要的支出。“工欲善其事，必先利其器”，要想自己对常用的电器进行简单的维修，一套家用电工工具必不可少，它将使维修工作变得更加容易。

1. 更换灯具

家用 LED 灯或白炽灯均有寿命限制，使用久了就会损坏。当灯具损坏时，应先取下损坏的灯具，记下其功率、电压等标准，观察供电和信号接口，注意灯具的大小与形状。例如：E27 是家用常见的 LED 灯螺口尺寸（见图 6–5），是指螺口直径为 27mm。然后，根据以上标准去采购灯具。

图 6–5　E27 螺口

更换灯具时要注意安全，一定要找到该灯具对应的断路器、电闸等（见图 6–6），将其切断。如果家里有试电笔，可以用其测试火线是否带电，以此判断电源是否已经切断。然后更换灯具，合上断路器进行供电，观察灯具能否正常工作。

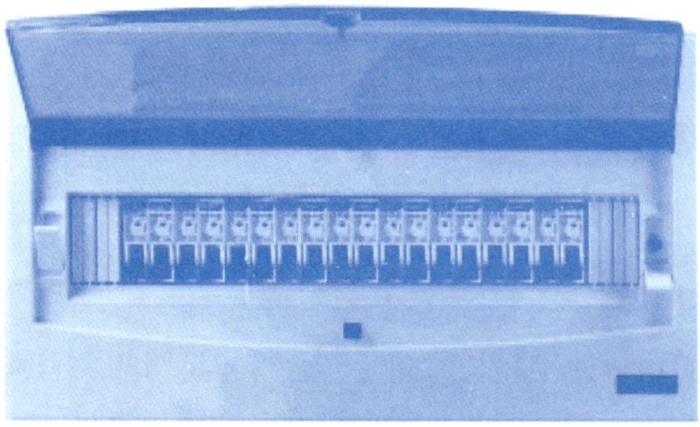

图 6–6　强电箱中的断路器及电闸

2. 供电接头除锈

生锈是指金属物质暴露在空气中，与空气中的水分与氧气发生化学反应，导致机器部件无法使用的现象。遥控器、收音机、电动玩具使用久了，其电池仓接头容易生锈，进而导致无法供电。这时可以买一瓶除锈剂，喷上除锈剂后，用纸巾擦拭干净，供电即可恢复。如果电池仓内弹簧已经被腐蚀断了，可以用钢丝做一个弹簧片，并用电烙铁焊接接头。

3. 清洗空调冷凝器和滤网

空调是炎炎夏日里必备的消暑“神器”，但是使用久了，里面就会积累灰尘，甚至还会滋生霉菌。如果在遍布灰尘与霉菌的情况下直接使用空调，轻则室内异味严重，重则造成室内污染，进而影响健康。因此，定期对空调冷凝器和滤网进行清洗非常有必要。

4. 清洁冰箱

冰箱是现代家庭储存食物的必备家电之一。以健康的方式使用冰箱的关键有两点：其一是正确储存食物，其二是保持冰箱清洁。冰箱门密封条上通常有大量微生物，一些有害微生物很容易导致人体感染各种疾病。如果冰箱长时间使用，又未能做到及时清洁的话，很容易产生难闻的气味，滋生各种细菌。因此，为了维护个人健康，冰箱一定要定时清洁。

（七）室内常规维护

1. 维修墙面

墙面在使用若干年后会出现开裂、墙皮脱落等损坏情况（见图 6–7）。如果基底处理得不好，或者原材料使用不当，或者墙面渗水，墙面损坏的程度会更加严重。

图 6–7　破损的墙面

请油漆工进行墙面修补的时间和经济成本非常高，因为墙面修补往往需要 3 ～ 5 道工序，每道工序都需要 1 ～ 7 天的时间。而自己动手则简单多了，既不需要四处寻找愿意做一点零碎活的师傅，也不需要在家等待和陪伴师傅修补，还可以享受 DIY 的乐趣，利用琐碎的时间完成墙面的修补工作，将修补的经济代价压缩至三分之一甚至更少。

2. 疏通水管

家用卫生间、厨房等使用较长时间后，水管容易堵塞。当家里水管堵塞时，不必烦恼，采用简单的工具就可以解决大多数的水管堵塞问题。

U 形管（见图 6–8）是引发堵塞问题的罪魁祸首，如果存在用于封闭异味的 U 形管，则需要先拆卸后观察是否堵塞。如果水管不易被拆卸或马桶被异物堵塞，可以尝试使用柔性的钢丝工具疏通。如果通过以上办法仍然无法解决问题，则可能是油污或其他黏性物质附着在管壁导致水管堵塞，此时可使用水管清污剂。

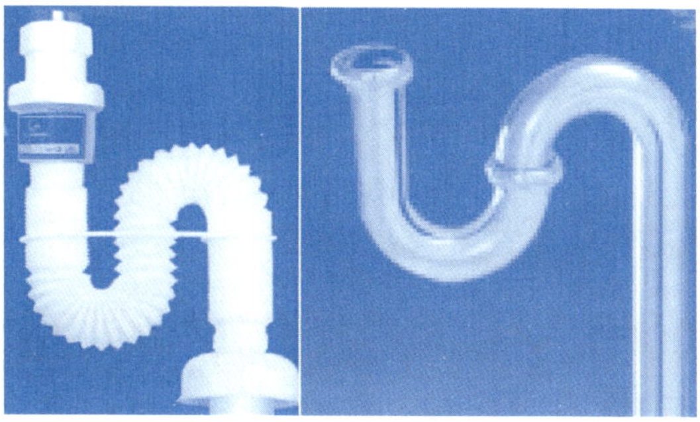

图 6-8　U 形管

3. 打孔与安装挂件

日常生活中，我们时常会遇到需要打孔的情况，如用于安装画框、衣架、时钟等。传统的“铁锤＋钉子”策略无法满足现代家庭的需求，它不仅难以达到较高的承重能力，还会破坏墙面，无法在瓷砖或大理石上操作。这时候，我们就需要电钻、冲击钻或电锤（见图 6-9）。

电钻　冲击钻　电锤

图 6-9　电钻、冲击钻与电锤

电钻、冲击钻与电锤都是用来打孔的，但三者适用的材料迥异，它们不可相互代替。

电钻适合的材质比较软，如木材、塑料、软的铝合金等。冲击钻适合的材质一般是墙面内砖。电锤主要适用于水泥，所以功率也更大。在钻不同材质时，所采用的钻头也有所不同，如三角钻头常用于钻大理石、玻璃、陶瓷。

4. 更换开关面板

家庭中灯具的开关面板都有一定的寿命，频繁使用会导致其损坏。如何更换开关面板呢？多数人不愿意做这项劳动，主要原因是害怕触电，或者造成短路。但如果操作者具备基本常识，在切断电源的保护下，这项劳动的危险性极低。

项目六任务一

知识测验

任务实施

本任务的实施可以通过网络信息检索、实地调研、亲身实践等途径开展，内容围绕任务描述中的相关问题展开，具体包括生活劳动的概念、类别，常见的生活劳动以及生活劳动的意义等内容。

任务名称	认识生活劳动
任务目的	通过了解生活劳动的概念、类别和意义，积极参加生活劳动，从而树立正确的劳动观念，明白生活劳动是每个人应尽的责任和义务，以劳树德、以劳增智、以劳强体、以劳育美、以劳创新，为成就自己的幸福人生奠定坚实基础。
任务步骤	1. 5～6 名同学围坐一圈，列举生活中常见的劳动类别。 2. 分析常见劳动类别需要用到的核心技能和对劳动者的意义。 3. 逐一分享自己最擅长的劳动类别或让自己感触最深的劳动类别。
任务道具	笔、笔记本
组员	
活动过程	
收获与反思	

任务二 生活劳动窍门

任务导引

★ 一屋不扫，何以扫天下 ★

相传东汉时期，一位叫陈蕃的男孩苦读圣贤书，屋里一片狼藉，院里杂草荒芜。一日，其父亲的朋友薛勤前来拜访。进入陈蕃的屋子后，薛勤看到屋子里凌乱无序，便对陈蕃说："孺子何不洒扫以待宾客？"陈蕃表示："大丈夫处世，当扫除天下，安事一室乎！"这样的回答让薛勤很诧异，他于是劝说道："一室之不治，何以天下家国为？"（此句被后人整理成"一屋不扫，何以扫天下？"并被传诵至今。）

有抱负的人从小便志向高远并为之努力，他们明白"千里之行，始于足下"的道理，他们能"吾日三省吾身"，能从身边的小事及时反省自己，严于律己，防微杜渐。

"一屋不扫，何以扫天下？"这句话旨在勉励后人从身边的小事做起，如果连一间屋子都管理不好，何以治理天下？以小见大，以微知著。千里之行，始于足下。

任务描述

生活劳动是一个大课堂、一门大学问，有许多需要我们去体验、去领会、去学习的东西。通过生活劳动，我们可以掌握更多的生存和生活技能，更加懂得生活，更加了解世界。那么，在进行生活劳动时，有什么"神器"可以使用吗？在生活劳动中，有什么"神技"吗？本任务将带你解锁生活劳动中的"神器"和"神技"，从而帮助你变身为生活劳动小达人。

本任务的具体要求如下：（1）了解生活劳动中的小工具；（2）掌握生活劳动中的技艺。

任务知识

一、生活劳动"神器"

虽然生活劳动的烦琐和普遍存在总会让人烦心劳累，但是有了"神器"的加持，生活劳动也会变得轻松起来。

（一）清洁“神器”

说到清洁，出现在你脑海中的会是什么呢？是怎么也打扫不干净的地板，还是永远也除不掉的油腻、污渍，抑或是总让人毫无办法的清洁死角、不知道如何去除的异味？

相信对很多人来说，清洁都是一件费时费力且常常得不到应有效果的劳动。其实，生活中有很多清洁“神器”。

（1）小苏打。被誉为万能清洁剂的小苏打，可以轻松除去瓷砖、大理石、不锈钢等多种材质上的污渍。小苏打不仅可以用来擦洗不锈钢锅、铜锅和铁锅，清洗热水瓶内的污垢，还可以除臭。在容易散发异味的地方撒上一些小苏打，或是放上敞口的装有小苏打的盒子，就可以祛除异味。另外，在洗碗水里加少许小苏打，能帮助洗碗者把碗盘洗得更干净。

（2）金刚砂海绵擦。含有金刚砂材质的海绵擦，对于顽固的锈迹、水垢和墙壁污渍很有效（见图 6-10）。超强的摩擦力可以帮助使用者在清理金属或容易积污的物品时省力省心。

图 6-10　金刚砂海绵擦

（3）清洁颗粒。清洁颗粒的功能十分广泛，既可以清洗家具、厨具，也可以清洗地板、瓷砖等，甚至可以配合洗衣液使用，帮助清除衣服上的污渍。

（4）下水道疏通剂。下水道是藏污纳垢的地方，定时清洁非常有必要。下水道清洁剂可以帮助清理下水道的污垢，使用起来也非常便利。清洁步骤如下：首先，将一定量的热水倒入下水道预热；然后，倒入一瓶盖疏通剂；接着，倒入一些热水加速疏通。约用 20 分钟之后，下水道的清洁工作就完成了。

（5）紫外线消毒灯。紫外线消毒灯利用紫外线的杀菌作用对水、空气、衣物等进行灭菌消毒。日常的家居环境中，一般不需要进行空气消毒。但卫生间大多相对密闭、通风较难且较潮湿，极易滋生细菌。加上马桶在冲水时产生的冲击力，还可能将含有病菌的粪便颗粒挥发至空气中产生气凝胶，最终被人吸入或者落在卫生间的物品上。因此，相较于家里的其他空间，卫生间的卫生情况更需要注意。此外，去过细菌和病毒较为密集的场所，外套衣物也需要进行消毒。因此，家里备一个紫外线消毒灯可以满足一般消毒需要。

注意：很多紫外线消毒灯采用开放式的灯管，必须在家里无人时使用，不然会对眼睛和皮肤造成伤害。

（二）收纳整理“神器”

（1）可折叠收纳衣架（见图 6–11）。可折叠收纳衣架无论是用来晾衣服，还是用来存放衣服，都非常节省空间，方便收纳。

（2）真空压缩袋（见图 6–12）。真空压缩袋是指通过抽走空气，进而借助大气压对物体造成自然压缩的一种袋子，适用于棉被、服装的收纳。真空压缩袋可以极大地节省空间，还具有防潮、防霉、防蛀、防异味等特点。

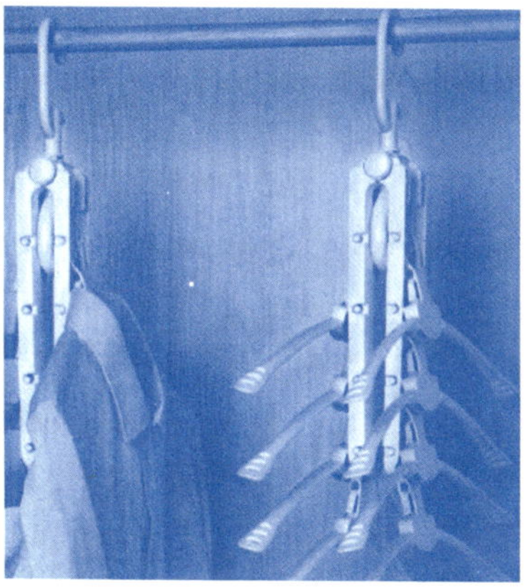

图 6–11　可折叠收纳衣架

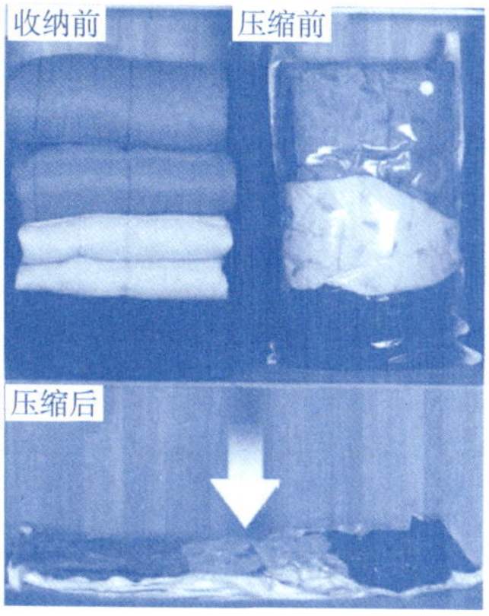

图 6–12　真空压缩袋

（3）桌面收纳盒（见图 6–13）。办公桌、书桌或电脑桌的桌面杂物较多，可以利用组合的桌面收纳盒，对不同的物品进行分类放置，便于使用。

图 6–13　桌面收纳盒

（4）旋转化妆品收纳盒（见图 6–14）。护肤品、化妆品是当下女性的必备生活用品。在凌乱的梳妆台上，有时候找一个物品就像大海捞针。旋转化妆品收纳盒可以帮助我们将一众护肤品、化妆品分门别类地放置，使得各种瓶瓶罐罐一目了然、取用方便。

（5）墙面铁丝网格收纳（见图 6–15）。将这种铁丝网格装在墙面上，既可以收纳一些简单的物品，又可以提升居室的清新文艺范。

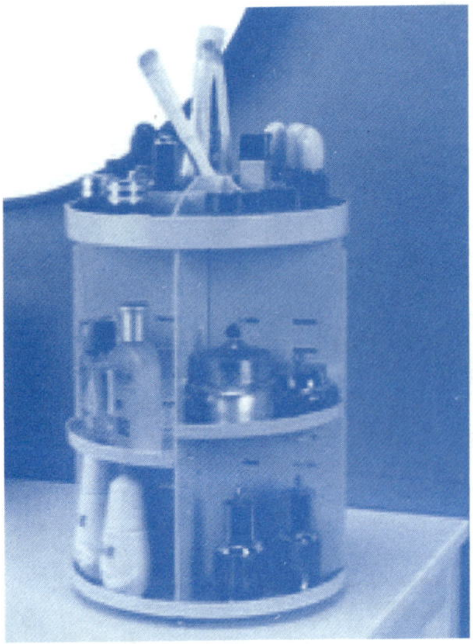

图 6–14 旋转化妆品收纳盒

图 6–15 墙面铁丝网格收纳

（三）维修“神器”

（1）家用电工工具箱。家用电工工具箱可以用极少的空间容纳家用维修的常用工具，通常包括老虎钳、手工锯、刀片、尖嘴钳、剥线钳、美工刀、内六角螺丝刀、吸锡器、冲击钻、水管钳、活动扳手、卷尺、焊锡条、电烙铁、一字 / 梅花螺丝刀、电笔、万用表、胶枪、电胶布、羊角锤等。

（2）热熔胶枪。热熔胶枪价格低廉，按照功率可以分为 30W、60W、100W 等不同的型号，其价格从十几元至几十元不等，功率越大，熔胶速度越快。商家通常会赠送一些胶棒，如果没有赠送，可以自己上网采购一些。如果胶棒质量不佳，则黏接强度较低，不适合承力。热熔胶枪可以用于连接、修补、绝缘，是居室维修和 DIY 的好帮手。

（3）玻璃胶枪（见图 6–16）。玻璃胶枪是一种常用的维修工具，可以用于橱柜固定、瓷砖与画框固定、缝隙修补、马桶安装、漏洞封堵等。家庭维修中使用玻璃胶的地方包括洁具与坐便器松动、卫生间里的化妆镜松动、洗手池与墙面有缝隙等，这些地方要使用具有不同性能的玻璃胶。其中，中性玻璃胶黏结力较弱，常用于卫生间里的镜子这种不需要很强黏结力的物体，它不会腐蚀物体。而酸性玻璃胶的黏结力强、黏结范围广，适用于大部分建筑材料，如玻璃、铝材、不含油质的木材等，但是不能用于黏结陶瓷、大理石等。

（四）烹饪“神器”

（1）磨刀器（见图 6–17）。磨刀器是日常生活中很容易被忽视的一款“神器”。现在市面上有很多好用的磨刀器，体积小巧，磨刀的效果也非常好。如果有足够预算的话，还可以选购自动磨刀器，免去手动的麻烦。

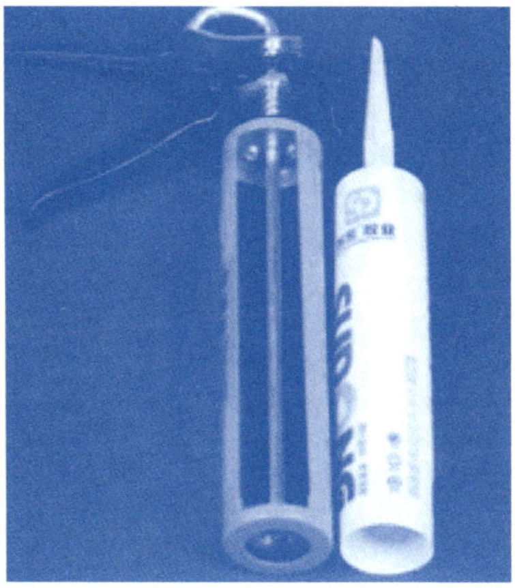

图 6–16　玻璃胶枪

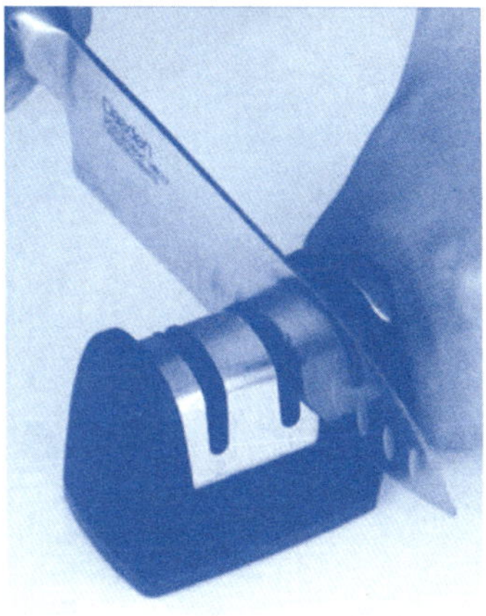

图 6–17　磨刀器

（2）刷头节油壶。刷头节油壶是居家野餐的必备“神器”。有了它，再也不用担心在使用刷子的时候浪费油了。

（3）防烫手套（见图 6–18）。厨房烹饪时难免要端、捧比较烫手的厨具，如砂锅、汤锅之类的；使用烤箱进行烘焙，也要防烫伤。隔热手套是绝对的“神器”，用了它，再也不用担心手被烫伤了。

（4）全自动面包机（见图 6–19）。全自动面包机又称傻瓜面包机，可以根据设置的程序，在放好配料后，自动完成和面、发酵、烘烤等程序，是喜欢 DIY 面包的美食爱好者的必备“神器”。

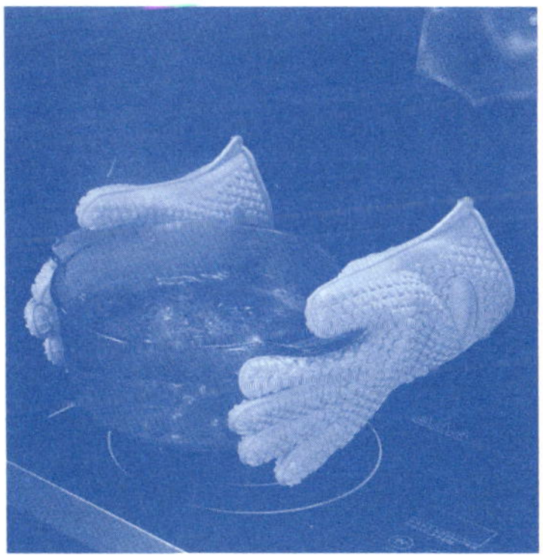

图 6–18　防烫手套

图 6–19　全自动面包机

（5）多功能切菜器（见图 6–20）。这款“神器”能让你告别刀切菜时代，能帮你轻轻松松地搞定各类食材的加工需求，如切粗丝、切细丝、切厚片、切薄片、切花、磨蓉。用完之后，将刀片插入主体轨道，整体收纳刀片，规整方便以备下次使用。此外，这款“神器”还有护手装置，使用者不必担心切菜时会伤手。

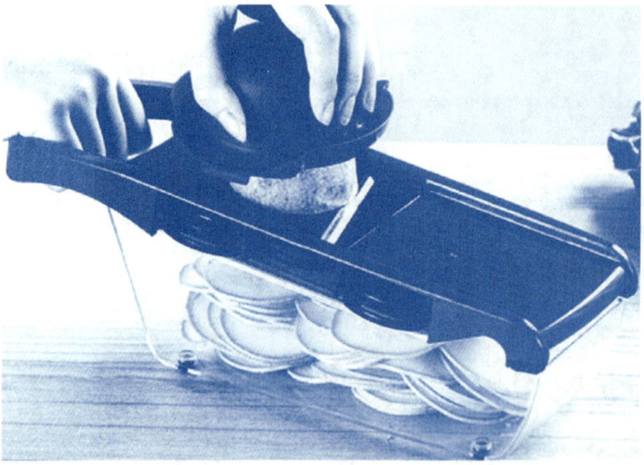

图 6-20　多功能切菜器

二、生活劳动“神技”

在生活劳动中我们总会遇到各种难题，如清洗不掉的污渍、挥之不去的异味、整理不了的凌乱等。通过使用一些小妙招，我们可以让居室清新洁净、井井有条。接下来，我们将学习生活劳动中的小窍门和小技能，让你轻轻松松变身为生活劳动小达人。

（一）清洁篇

1. 毛发清理

在日常生活中，较难清理的就是家中无处不在的毛发。地板上细细密密的毛发除了不美观外，如果不及时清理，对人体的健康也存在潜在的危害。毛发不易腐烂，且会黏附更多杂物，下水道中的毛发如果不及时清理，就会造成堵塞。因此，有效地清理毛发是居家必备技能。

（1）地面毛发清理。散落在地面上的毛发比较容易清理，有下列几种清除方法：

1）使用吸尘器；

2）使用半干半湿的拖把；

3）使用刷锅用的钢丝球，在地上滚一滚，以“刚”克“柔”，将毛发带起来；

4）将一只旧丝袜套在扫帚上，利用静电效应，将毛发等吸附在丝袜上面。

（2）沙发、床单、外套上的毛发清理。对于沙发、床单、外套等上面的毛发，可以用宽的胶带或黏毛器在上面粘几下，通过胶带或黏毛器的黏附能力，将毛发粘下来。

（3）下水道毛发清理。聚集在下水道入口处的毛发可以用废弃的牙刷进行清理，堵塞在下水道中的毛发可以用下水道疏通剂进行疏通。

2. 污渍清理

（1）沾染污垢的不锈钢制品，如果用钢丝球清洗，很容易出现划痕，可用抹布蘸一些橄榄油涂抹，再用干报纸擦拭，清洁和抛光一并完成。

（2）久用发黄、沾满茶渍或咖啡渍的杯子，可以用小苏打蘸水或者用布涂抹牙膏或者新鲜的橘皮擦拭。

（3）细长型容器如玻璃水瓶等的底部通常很难洗，可将碎蛋壳混合温水和几滴洗洁精倒进瓶子里，不断摇晃，将容器底部的污垢“震”出来。

（4）在日常生活中，玻璃、家具、门框等地方经常会存在双面胶、透明胶所留下的痕迹，不容易清理，很影响美观。可以利用常用的生活用品进行擦除，如橡皮、酒精。先将酒精涂抹在痕迹上，再用橡皮用力擦，双面胶、透明胶所留下的痕迹很快就会消失。

3. 电子产品表面清理

手机数据线、耳机、电脑键盘等电子产品用久了之后，表面或电路板上会留下很多脏东西，不仅影响美观，还会滋生细菌，甚至影响使用。对此，如果用清水不仅很难擦掉，还不安全，因为水不易蒸发，容易造成短路。鉴于酒精容易挥发，可以用一个棉球或一小块布，蘸上无水酒精慢慢擦拭；如果不愿意购买无水酒精，普通的医用酒精也可以代替，但是要注意防止残留水痕造成短路。

（二）整理与收纳篇

整理专家近藤麻理惠认为，整理房间的过程是能使自己快乐的过程，整理不仅是一项不得不做的家务活，更是一种心态、一门学问。她鼓励大家按类别而不是按位置进行收纳，例如从衣服开始，然后是书籍、报纸、杂项物品……最后是那些让自己动情的物品。只保留那些能打动内心的物品，抛弃那些不再能带来快乐的物品。

（1）衣服的分类与整理。把自己所有的衣服一件不落地全都丢在床上。每一件都经过自己的手，询问自己对手中这件衣服是否还会再穿，对不会再穿的衣服进行断舍离。基本原则：把各类衣物叠成较小的长方形，收纳时让它们“站立起来”。

（2）书籍的分类与整理。将书籍分为两类，已经读过的和想读但一直没读的。认真辨别，留下那些真正有价值的书籍，然后将准备留下的书籍进行分类整理。

（3）文件、票据等的分类与整理。现代家庭往往需要保存各种电子产品、家具的保修卡、发票等，以便日后维修。此外，通常还有各种证件、证明、合同等。当需要寻找某个文件时，经常会出现让人翻箱倒柜找很久的情况。针对这一情况，购买一些文件盒、文件夹来对各种文件、票据进行分类整理，既能避免寻找文件导致的时间浪费，又能节省空间。

（三）变废为宝篇

“世界上没有真正的垃圾，只有放错地方的资源。”将一些垃圾或旧物直接丢掉，其实还是挺可惜的。对于很多旧物或垃圾都可以利用创意将之变废为宝。有时候，不起眼的垃圾可以解决生活中困扰着我们的难题；有时候，经过一番简单DIY，旧物可以变成漂亮的新家具和家居用品，既省钱又环保。

1. 水果残渣灭果蝇

在炎热的夏天，家里经常会滋生果蝇。这是一种很难缠的小昆虫，不容易用机械的方式捕杀干净。如果喷杀虫剂，则需要花费时间整理生活用品，如牙刷、水果篮、厨具等，事后还要对人常触摸的地方进行必要的清洁。有一种既廉价又安全的杀虫“神器”——“水果残渣”。葡萄皮、苹果核等多汁、富含糖分的厨余废物都可以变成杀虫利器。

首先，我们找来一个废弃的塑料瓶子或干果小桶，把水果垃圾投入容器，然后用保鲜膜覆盖瓶口，留一个小洞，放置到果蝇出没的地方。过一段时间，果蝇就会陆续跑到瓶子里吸食水果残渣。这时，我们堵住瓶口，用灌水的办法就可以消灭它们。多重复几次，家里的果蝇就会被诱杀干净。

2. 残枝废柴变鱼缸美景

在家里放一个漂亮的鱼缸会让生活环境变得更加生机勃勃，而几段造型优美的沉木则会让鱼缸变得更加清幽。沉木可以自己动手制作，在此之前，可以先去野外找一些无毒、硬质的树根或树枝。沉木材料的选择要注意以下事项：据景取材，先想好要构建什么样的景观，再根据景观需求选取基材。通常，基材要有骨感，有骨感的基材可以使沉木产生俊秀挺拔的效果。腐洞是很好的造型，在基材的选择过程中，如果发现一些腐蚀出孔洞的基材，可以用来构造“桥”“洞穴”等，有助于增加景观的立体感。

将“残枝废柴”带回家后，先要进一步清理腐烂的部分和夹杂的泥土，用小苏打溶液浸泡两天，再做第二次清理，并用开水沸煮消毒 1 小时，之后用钢丝球进行洗刷，放入高锰酸钾溶液进行氧化，然后便可用于造景了（见图 6–21）。

图 6–21　沉木鱼缸造景

项目六任务二

知识测验

任务实施

本任务的实施可以通过网络信息检索、向生活劳动能手请教、团体或个体实践等途径开展，内容围绕任务描述中的相关问题展开，具体包括生活劳动“神器”和生活劳动“神技”。

任务名称	生活小能手——探索生活劳动“神器”与“神技”		
任务步骤	1. 4～6 人围坐一圈，讨论并列举生活劳动中的常用“神器”和“神技”。 2. 通过头脑风暴，列出生活中哪些物品可以“变废为宝”。 3. 每人收集一个包装盒。 4. 将包装盒变废为宝。		
任务道具	包装盒，剪刀，刻刀，胶带、胶水等		
组员			
活动过程			
收获与反思			

班级……姓名……学号……

任务三 践行绿色低碳生活方式

任务导引

★ 我国新能源产业的快速发展 ★

在全球低碳转型和“碳达峰、碳中和”目标驱动下，新能源产业成为增长最迅速、前景最广阔的产业新赛道之一。我国新能源产业经历了一个从无到有、从小到大、从大到强的发展过程，不仅成为我国经济的亮点和经济增长的重要推动力，也在国际上展现出强大的竞争力。根据国家统计局的数据，2023 年我国新能源汽车、太阳能电池和汽车用锂离子动力电池这“新三样”相关产品产量比上年分别增长 30.3%、54.0% 和 22.8%；“新三样”出口增幅高达 29.9%，出口额首次超过万亿元大关。我国新能源汽车产销量自 2015 年以来连续多年位居世界第一。以新能源汽车为代表的我国新能源产业的快速发展展现出我国产业升级的良好态势和经济的强劲韧性。

任务描述

绿色低碳生活理念已然深入人心，正逐渐改变着人们的生活方式和思想观念。全球气候变化影响着每个人。为应对气候变化，每个人都应在衣食住行用等日常生活各个环节，“节”尽所“能”，践行绿色低碳生产生活方式，自觉履行节能减排义务，共建舒适美丽的绿色家园。

本任务的具体要求如下：（1）能够知晓“碳达峰、碳中和”目标的提出背景，持续学习并了解绿色低碳知识；（2）能够设定个人具体的绿色低碳目标，并制订绿色低碳计划；（3）能够树立绿色低碳意识，在多场景中践行绿色低碳生活方式，并定期评估与调整。

任务知识

一、“碳达峰、碳中和”目标的提出

为了保护我们赖以生存的家园，世界各国开始行动，纷纷进入节能减排新时代，我国也承担起大国担当。2015 年，在巴黎举行的《联合国气候变化框架公约》第 21 届缔约方会议通过了《巴黎协定》，旨在控制主要由人为活动产生的碳排放而

导致的气温升高现象。2018 年，联合国政府间气候变化专门委员会（IPCC）在其发布的《IPCC 全球升温 1.5℃特别报告》中指出，要把全球升温控制在 1.5℃以内，全球 2030 年二氧化碳排放量要比 2010 年下降约 45%，2050 年前后达到净零排放。

2020 年 9 月 22 日，习近平主席在第七十五届联合国大会一般性辩论上郑重宣布，中国将提高国家自主贡献力度，采取更加有力的政策和措施，二氧化碳排放力争于 2030 年前达到峰值，努力争取 2060 年前实现碳中和。这是我国在《巴黎协定》承诺的基础上，就应对气候变化问题设立的更高目标，表达了中国推进全球应对气候变化进程的决心。“碳达峰、碳中和”二者之间密切联系，是一个目标的两个阶段。第一阶段，2030 年前实现碳达峰目标，与 2035 年中国式现代化建设第一阶段目标和美丽中国建设第一阶段目标相契合，是中国 2035 年基本实现现代化的一个重要标志。第二阶段，2060 年前实现碳中和目标，与《巴黎协定》提出的全球控制升温的目标相一致，与中国到 21 世纪中叶建成富强民主文明和谐美丽的社会主义现代化强国的目标相契合。实现碳中和是我国建成社会主义现代化强国的一个重要内容。

二、大学生参与低碳社会建设

（一）碳足迹

碳足迹（Carbon Footprint）是指企业机构、活动、产品或个人通过交通运输、食品生产和消费以及各类生产过程等引起的温室气体排放的集合。它描述了一个人的能源意识和行为对自然界产生的影响，号召人们从自己做起。通常，所有温室气体排放都用二氧化碳当量来表示。“碳”，就是石油、煤炭、木材等由碳元素构成的自然资源。“碳”耗用得越多，导致地球暖化的元凶——“二氧化碳”也就制造得越多，“碳足迹”就越大；反之，“碳足迹”就越小。每个人都有自己的碳足迹，它指每个人的温室气体排放量。这个概念以形象的“足迹”为比喻，说明了我们每个人都在天空不断增多的温室气体中留下了自己的痕迹。一个人的碳足迹可以分为第一碳足迹和第二碳足迹。第一碳足迹是因使用化石能源而直接排放的二氧化碳，比如一个经常坐飞机出行的人会有较多的第一碳足迹，因为飞机飞行会消耗大量燃油，排出大量二氧化碳。第二碳足迹是因使用各种产品而间接排放的二氧化碳，比如消费一瓶普通的瓶装水，会因它的生产和运输过程而产生二氧化碳排放。

计算碳足迹并不难，许多网站都提供了专门的“碳足迹计算器”，只要输入相关情况，就可以计算你某种活动的碳足迹，也可以计算你全年的碳足迹总量。碳足迹越大，说明你对全球变暖所要负的责任越大。碳足迹的提出是为了让人们意识到应对气候变化的紧迫性。

（二）人人参与低碳生活

实现个人碳中和，首先需要转变观念，主动将碳中和看作我们每个人的责任和义务，使节能减排成为个人自觉的习惯。我们每个人都可以在低碳环保、科研或就业选择等方面为碳中和贡献自己的力量。

1. 低碳环保方面

个人可通过垃圾分类、绿色出行、环保办公、降低能耗、植树造林等手段助力碳中和的实现。

（1）垃圾分类。垃圾分类一般是指在垃圾产生的源头，将不同类型的垃圾按一定的规定或标准进行分类储存、分类投放和分类搬运，从而将之转变成公共资源的一系列活动的总称。以浙江省为例，按照 2019 年 11 月 1 日正式施行的《浙江省城镇生活垃圾分类标准》，生活垃圾主要分为可回收物、有害垃圾、易腐垃圾和其他垃圾四大类（见图 6-22）。垃圾分类的目的是控制和降低垃圾对环境的污染与破坏，提高垃圾的资源价值和经济价值，助力实现垃圾无害化、减量化和资源化，力争物尽其用。

图 6-22　浙江省生活垃圾分类标志

（2）绿色出行。个人要将绿色出行的理念根植于心。绿色出行不仅在一定程度上缓解了交通拥堵，而且减轻了环境压力。个人可以通过自行车、电动公交车、地铁、电动汽车等多种交通工具，以及合乘、共享等出行方式，减少碳排放。购买小排量或新能源动力机动车，减少二氧化碳排放。例如，高德与北京市交通委一起推出“MaaS”平台，引导用户使用公交、地铁、骑车等绿色方式出行。

（3）环保办公。环保办公是指减少办公过程中的打印、复印次数，养成节约纸张的好习惯，选择可循环利用的办公文具，加快适应无纸化办公；同时减少商务出行，尽量利用远程视频会议等方式进行沟通。

（4）降低能耗。在电器选择上，尽可能选择使用节能电器，例如可换节能灯，11 瓦节能灯相当于 80 瓦白炽灯的照明度，节能灯的使用寿命更是白炽灯的 6 ～ 8 倍。购买那些只含有少量或者不含氟利昂的绿色环保冰箱，丢弃旧冰箱时打电话请厂商协助清理氟利昂。选择标有 1 级、2 级能效标志的冰箱、空调和洗衣机。同时，节约用电的习惯自然也必不可少，可以通过使用智能家居控制中心统筹屋内耗能，及时关闭不使用的电器，空调的温度夏天设置在 26℃左右、冬天设置在 18℃到 20℃对人体健康比较有利，同时还可以大大节约能源。在装修材料上，采用环保且生产过程耗能低的材料，例如选用再生钢材，通过保温混凝土模板、屋顶防辐射屏障、基础隔热板等提高住宅能效。

（5）植树造林。森林可以吸收和储存二氧化碳，因此主动参与植树造林有助于实现碳中和。例如，支付宝推出“蚂蚁森林”，用户通过步行替代开车、在线缴纳水电费、网络购票等行为节省的碳排放量，将被计算为虚拟的绿色能量，可在手机中用于种植虚拟树。与此同时，支付宝和公益合作伙伴会在国内选择一些沙化严重的地区种植树（见图 6-23），或守护相应面积的保护地，通过命名树苗的方式，培养和激励产品使用者的低碳环保行为。这一公益产品既有利于改变用户购买行为习惯，也加速了碳中和的步伐。

图 6-23　“蚂蚁森林”线下公益造林项目

（6）使用数字人民币。数字人民币作为一种新型的支付方式，具有高效、便捷、安全等特点，可引导公众形成绿色消费、节约资源的良好习惯（见图 6-24）。党的二十届三中全会指出，稳妥推进数字人民币研发和应用。截至 2025 年 3 月末，数字人民币已经在全国 17 个省（自治区、直辖市）开展试点，形成了一批涵盖线上线下、可复制可推广的应用方案。截至 2024 年 6 月末，数字人民币累计交易金额达 7 万亿元。在 2022 年北京冬奥会、2022 年杭州亚运会和 2023 年成都大运会上，数字人民币提供了创新型支付手段和应用场景。

图 6-24　中国人民银行发行的数字人民币

（7）参与绿色流通。在绿色流通的前提下，参与产品的生产、运输、销售和回收等过程，符合环保和社会责任的要求。例如，2021 年“双 11”期间，天猫首次设立绿色会场，让绿色供需彼此对接；菜鸟“回箱计划”覆盖 8.7 万家菜鸟驿站，480 万消费者参与其中；闲鱼作为闲置消费市场，每天有超过 100 万件商品成交。

2. 科研或就业选择方面

在科研方向上，我们可以研究碳中和与自身所学专业或所处行业的相互影响，从专业的角度出发，研究可以为碳中和做什么，为碳中和实现路径建言献策。在就业选择上，新一轮低碳环保技术的发展，将催生一大批绿色环保领域的新的就业机会，传统的化石能源行业发展空间可能受限，尽早切换赛道或选择在低碳技术领域自主创业，有利于站上新一轮“风口”，实现个人发展的“弯道超车”。同时，传统行业人员也可选择到已声明碳中和目标或有此规划的企业就业，并积极推动企业履行节能减排责任。

延伸阅读

2060年：零碳的一天

今天是2060年4月10日，清晨，你在手机共享办公软件上接到同事的拼车订单，自动驾驶电动汽车沿着智能规划路线载着你们一同前往公司。你的工位紧靠窗口，窗外，爬满墙的景观绿植正对着阳光。落座后，太阳能空调启动的“嘀”声将你的视线拉回到电脑屏幕，就这样你开始了一天的工作。

临近午饭时间，手机里弹出一条消息，你点开发现，是公司“零碳生活”活动推送的通知：“恭喜您参与的碳减排活动积分已达标！一张午餐券已自动下发至您的零碳钱包，请到员工餐厅兑换使用！”午休时间，你一边享用着“免费”午餐，一边将下一个零碳活动设为待办。

下午的线上会议结束后，你突然想起，智能手表上的电动汽车低电量提醒还没处理。你通过智能手表发出消息，通知电动汽车自行开到办公楼外配套的智能充电桩广场充电。随后，你收到了光伏机器人配送的快递。

忙碌了一天，终于可以喘口气了。下班后，你回到小区，停好车，电梯“已到达地面”的提示音将发呆的你拉回了现实。你迟疑了一下，本该直走的你拎着电脑包走向了小区公园的长椅。你转过头，瞥见刚下班的邻居正从小区门口的公共电动接驳车站点走来。你顺着他踱步回家的身影，望向自己住的那栋楼，高耸的节能装配式建筑外墙爬满绿植。你眯着眼，在藤蔓缝隙中努力找到自己家的窗户，此时，智能家居系统已将电动窗帘拉起。太阳下山了，座椅旁的光伏储能照明灯亮了起来，万事万物都在屏息并等待夜幕的降临。

你的家里采用的是节水循环系统。晚饭后，洗漱完毕，你倚在床头，打开手机准备为明天出差乘坐的航班提前值机。屏幕上飞机型号后面紧跟的“氢能飞机”标签提示了这次飞行可为你累积的碳减排积分。

夜深了，智能家居系统自动调暗了灯光。伴着些许困意，你开始回顾即将过去的这一天，一幅零碳路径图（见图6-25）缓缓浮现在你的脑海……

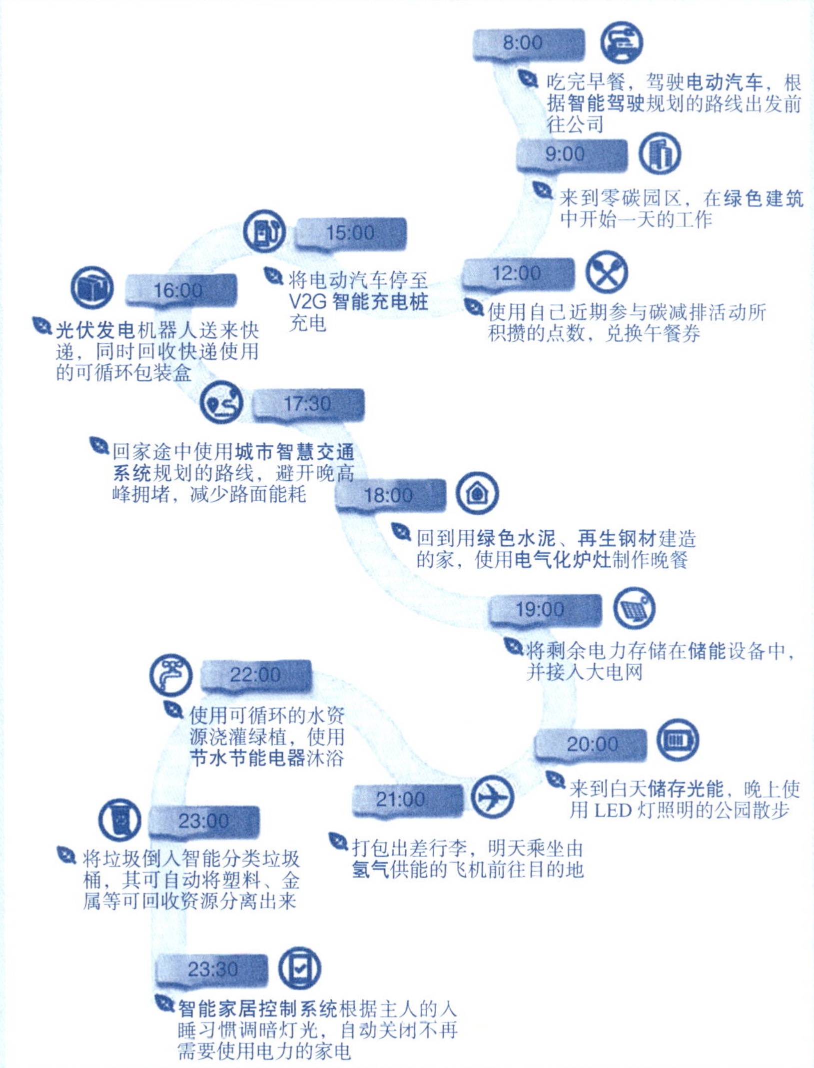

图 6-25　零碳路径图

资料来源：安永碳中和课题组．一本书读懂碳中和［M］．北京：机械工业出版社，2021.

项目六任务三

知识测验

学号________ 姓名________ 班级________

任务实施

1. 请结合课堂和教材学习内容，通过网络信息检索、图书文献查阅、多媒体影片观看等途径，分享自己的绿色低碳生活经验和成果（300 字左右）。

2. 持续阅读关于气候变化、环境保护和可持续发展的书籍、文章或观看相关纪录片，撰写学习心得 1 篇（500 字左右）。

项目七 青春因奉献而闪亮：志愿服务与勤工助学

知识目标

1. 了解志愿者、志愿者组织、志愿服务的含义
2. 了解社会实践的意义
3. 掌握勤工助学的申请流程和注意事项

技能目标

1. 能开展志愿服务或社会实践活动
2. 能灵活运用勤工助学的实用技能

素质目标

1. 培养助人为乐的精神
2. 传承吃苦耐劳、勤俭节约的传统美德，培养自立、自强的品质
3. 提升工作技巧，提高工作适应力和竞争力

任务一 志愿服务与社会实践

任务导引

★ “小青荷”的故事 ★

杭州亚运会的每一天，忙碌不止于赛场。

有这样一群人，他们有的凌晨3时就要乘坐大巴前往现场，有的中午12时迎来一天中工作强度最大的时刻，有的深夜还在服务于亚运车辆的运行。整个亚运会期间，他们是最早抵达赛场的人，也是最晚离开现场的人。他们坚守在每一个需要的地方，串联起一整天赛事运行的全链条。

他们就是“小青荷”。

“小青荷”取自宋代诗人杨万里描写杭州西湖的诗句——“接天莲叶无穷碧，映日荷花别样红”，诞生于G20杭州峰会期间，谐音“亲和”，代表着志愿者微笑的亲和力。从G20杭州峰会到杭州亚运会，在如今上岗的3.76万名志愿者中，绝大部分是在校大学生。这一代“小青荷”，在杭州亚运会上看到亚洲大家庭的文化交流，感到无比自豪与兴奋。很多志愿者说：“我们在看世界，世界也在看我们。”

每个“小青荷”都是亚运会上的螺丝钉。比如来自浙江经贸职业技术学院财会专业的“小青荷”李奕谦，从早上要一直忙到晚上10时多，为来往人员答疑解惑。

站在服务台，李奕谦能远远看到“大莲花”上空闪耀的绚烂灯光。“我们是非竞赛场馆团队的志愿者，但心和亚运赛场相连。”起初，得知自己被分配到停车场，李奕谦心里免不了有些失落，但她找到了感知亚运的另一种方式。

“这里发车频次越高，就说明比赛越激烈。”李奕谦说。9月30日，他们共引导、服务了150趟发往赛场的班车，忙得连吃饭的时间都没有。那天决出了25枚金牌，包括男女百米飞人大战。

尽管没时间看比赛，但从各国媒体记者到站下车时的表情和谈话中，就能得知一二。“穿泰国队服的记者下车欢呼雀跃，是为跆拳道夺冠而高兴；也有沉默不语的，大概率没发挥好。”李奕谦说。这里像一个小小的窗口，从另一个角度记录着亚运赛场的魅力。

20多天风吹日晒，尽管做足了防晒，李奕谦的脖子还是黑了一圈。他们的坚守与付出，收获了各个代表团的肯定。李奕谦的工作证上，别着一枚泰国代表团的大象徽章。他们还收到了日本、韩国等国家和地区的技术官员和媒体记者送的徽章。

国际友人的肯定，更让李奕谦感受到了自身的价值。“每个‘小青荷’，都是一个小小的螺丝钉，只有各司其职，整个亚运会的大框架才会更加稳固。”李奕谦说。

虽然听不到欢呼声，但场外的“小青荷”，同样是一个小小的窗口，她希望世界从这个窗口中，看到不一样的精彩。

资料来源：张留，施力维，王逸群．“小青荷”的 24 小时［N］．浙江日报，2023-10-04.

任务描述

从“鸟巢一代”到“小青荷”“小青椒”“小叶子”“小青柠”……青年始终是大型赛会志愿服务的主力军。党的十八大以来，党和国家的大事多、喜事多、要事多，广大青年志愿者在共青团组织下，积极参与大型赛会志愿服务，用青春和奉献提供了暖心的服务，向世界展示了蓬勃向上的中国青年形象。从北京奥运会的“鸟巢一代”、北京冬奥会的“小雪花”、杭州亚运会的“小青荷”，到成都大运会的“小青椒”、全国运动会的“小秦宝”、全国青年运动会的“小青果”、南京青奥会的“小青柠”……这些可爱的“昵称”背后都有一群可爱可敬的青年志愿者。一个个小小的“谐音梗”，背后都是紧密贴合志愿精神的大创意。尽管他们参与服务的赛事不同、赛期有限，但“赠人玫瑰，手有余香”的追求让这些风华正茂的青年志愿者在奉献与奋斗中闪耀着夺目的青春光芒。

本任务的具体要求如下：（1）了解志愿者和志愿者组织的含义；（2）了解志愿服务的含义、特征、精神以及类型；（3）熟知大学生参与志愿服务的途径；（4）熟知社会实践的含义及大学生社会实践的形式。

任务知识

一、志愿服务

（一）志愿者和志愿者组织

“志愿者”（Volunteer）一词源于拉丁文中的“Voluntas”，意思是“意愿”。联合国对志愿者的定义为：“自愿进行社会公共利益服务而不获取任何利益、金钱、名利的活动者。”任何人都能够成为志愿者。根据《中国注册志愿者管理办法》的规定，志愿者注册后，根据参加志愿服务的累计时间认定星级。累计达 100 小时的为“一星志愿者”，累计达 300 小时的为“二星志愿者”，累计达 600 小时的为“三星志愿者”，累计达 1 000 小时的为“四星志愿者”，累计达 1 500 小时的为“五星志愿者”。1985 年 12 月 17 日，第 40 届联合国大会通过决议，将每年的 12 月 5 日定为国际志愿者日。我国从 2000 年开始，将每年的 3 月 5 日定为中国青年志愿者服务日。根据《中国注册志愿者管理办法》中有关注册志愿者标识的规定：注册志愿者标识（通称“心手标”，见图 7-1）的整体构图为心的造型，又形如英文“Volunteer”的第一个字母“V”，红色，图案中央是手的造型，也是鸽子的造型，白色。标志寓意为中国志愿者向社会上所有需要帮助的人们奉献一片爱心，伸出友爱之手，表达“爱心献社会，真情暖人心”和“团结互助、共创和谐”的主题。

图 7-1　心手标

志愿者组织是指志愿者秉承志愿精神，以满足公共需求、实现社会公益为目标，独立自主地开展非营利性志愿工作和服务的动态过程及其组织形式。我国第一个志愿者组织是 1989 年成立的天津市和平区新兴街道社区服务志愿者协会。

（二）志愿服务的含义

我国《志愿服务条例》指出，志愿服务是指志愿者、志愿服务组织和其他组织自愿、无偿向社会或者他人提供的公益服务。在志愿服务中，人们不追求物质报酬，奉献自己的时间和精力，以帮助别人、服务社会。中华民族历来就有乐善好施和助人为乐的传统美德，中国也是世界上最早倡导慈善事业的国家。儒家所提倡的仁爱、民本、大同等思想是中国古代的慈善思想的重要源头。中国古代的慈善事业比较发达，这类行为在当时被称为“善举”。此外，有些带“义”字的设施也带有公益性质，如“义学”“义田”“义仓”等。中华人民共和国成立之后，“学雷锋活动”更是把助人为乐的传统和社会主义、共产主义精神有机结合起来，创造出极富中国特色和时代特征的社会服务机制。“雷锋精神”与志愿精神有许多契合之处。

（三）志愿服务的特征

（1）自愿性。志愿者参加各种公益组织、开展各类志愿服务活动都是出于自己的意愿和自主的选择。

（2）公益性。志愿者或志愿者组织通过自己的劳动或服务为社会公众提供公共产品，从而满足社会公共利益的需求。

（3）无偿性。志愿者的付出和劳动是不以获得实际的报酬或利益为目的的，超越了经济领域的交换活动。

（4）组织性。越来越多的志愿者在开展活动时依托相对专业的指导和较为固定的组织，如公益基金会、非政府组织（NGO）、志愿服务团体、社会企业以及政府支持的志愿服务机构等。

（四）志愿服务精神

志愿者精神的核心是服务、团结的理想和共同使这个世界变得更加美好的信念。志愿服务精神概括起来就是：奉献、友爱、互助、进步。

奉献的精神是崇高的，这也是志愿服务精神的核心和精髓。奉献是不求名利、无私付出的具体体现。比如，全国劳模孔胜东，作为一名公交司机，利用工作之余，几十年如一日进行义务修车，自己贴补的材料费和电费都将近 12 万元，在其中投入的人力、时间以及创造的价值更是无法估量，但他分文不取。像孔胜东这样的志愿者不胜枚举，他们总是默默奉献着自己的光和热，为别人提供力所能及的帮助。

友爱体现为志愿者与人为善、有爱无碍、平等尊重，他们的付出和爱心跨越国界、职业和阶层，既没有文化差异，也没有种族之分。志愿服务是一项充满爱的事业，志愿者会对身边的人充满关切、对社会的事满怀关心、对世界的物饱含关爱，会热情且持之以恒地投入到志愿服务这项工作中来。

互助体现为互相帮助、助人自助。志愿者通过自己的努力和付出服务他人、感染他人，从而让更多的人加入助人的行列。

进步体现在参与服务的过程中。志愿者的能力得到提高、专业得到发展，他们将个人的成长和社会的进步统一起来。志愿服务对志愿者本身而言也是一种人格的塑造和对自我的超越。志愿服务的过程，就是志愿者不断自我审视和自我校正的过程。

（五）志愿服务的类型

随着生活水平的提高，人们对于志愿服务的需要也愈加多样化，因此，志愿服务分化出了智慧服务、技术服务、行为服务、信息服务、资源服务等类型。智慧服务就是发挥高端志愿者的思想创新、思维创新优势，为社区、农村志愿组织提供拓宽视野、活跃思想、策划项目、提升服务等支持。技术服务就是文艺人才、专业人员、技术人员等，为城乡志愿者组织提供专业技术帮助，如设计项目内容、实施项目流程等，还提供医疗、教育、维修、文艺等专业技术服务，帮助群众解决实际问题。行为服务就是志愿者发挥爱心奉献精神，具体帮助有需要的群众，特别是提供帮弱济困服务。例如：结对关爱和帮助残疾人、孤寡老人等困难群体；到山区提供义务医疗、教育服务；在社区、农村开展便民利民服务。信息服务就是志愿者收集和整理城乡群众生活需要的各类信息，义务提供给群众供其了解和参考，便于群众在生活中选择和采用，既能避免重复搜索，也能避免城乡群众上当受骗。资源服务就是志愿者将拥有的生活与发展资源输送给有需要的群体，给予这些群体帮助和支持，既包括将衣物、家具、食品等输送给社区困难家庭、山区农村家庭，也包括为社区、山区志愿组织搜集志愿文化产品、服务项目资料，便于这些民众自发成立的公益组织获得启迪，提高服务项目的水平。

（六）大学生志愿服务

1993 年，共青团中央启动了中国青年志愿者行动，从此，以高校公益性学生社团为载体，以全国各界青年志愿者为参与对象的青年志愿服务事业蓬勃发展起来。近年来，青年志愿者服务队伍不断壮大，服务人数不断增加，服务范围不断拓展，大学生志愿者在大型赛会、社区服务、环保等服务中发挥了重要作用。大学生参与志愿服务的途径有很多。例如：关注学校信息，参与志愿服务活动，学校既有许多校内的活动需要志愿者，也有不少校外大型活动、赛会项目志愿者招募，以及校外服务基地的志愿者招募，如社区、养老院、博物馆志愿者招募等；注册官方网站，了解志愿者招募项目，注册“志愿汇”App①，注册后就可以成为拥有全国唯一志愿者编号的志愿者；咨询社会机构，为有需要的人群提供帮助，可以联系所在地区的博物馆、养老院、特教学校和社区，也可以联系景点、地铁、公交车站等，询问是否需要志愿者提供志愿服务等事宜；寻找民间组织，参与当地志愿者组织，民间有许多志愿者组织会在当地开展专项志愿服务活动，如果对其中的某一方面（事物）比较感兴趣，就可以联系这些组织并加入，利用假期或业余时间参加志愿服务活动。

二、社会实践

（一）社会实践的含义

社会实践是指人与人之间所有实践活动的总和。社会实践不仅包括物质生产活动，还涵盖个人与社会之间的各种互动和接触。对于大学生而言，社会实践是一种利用课余时间进行的社会接触活动，旨在提高个人能力、激发创作灵感，并为社会做出贡献。这种活动通常被视为学习性、成长性和社会化的实践，是促进大学生成长发展的重要途径。

（二）社会实践的意义

（1）促进大学生知识与实践的融合。社会实践为大学生提供了将课堂所学应用于解决实际问题的机会，使理论知识在实践中得到检验和深化。

（2）增强大学生的社会责任感与使命感。通过参与社会服务、公益活动等，大学生能够亲身体验社会现状，增强对社会的认知和理解，从而树立起为社会进步贡献力量的责任感和使命感。

（3）提升大学生的综合素质与能力。社会实践涵盖沟通协调、团队协作、创新思维、问题解决等多方面能力的培养，有助于大学生全面提升个人素质和能力。

（4）帮助大学生做好职业生涯规划与就业准备。通过社会实践，大学生能够更清晰地了解自己的兴趣、优势和不足，为未来的职业生涯规划和就业准备提供重要参考。

（三）大学生社会实践的形式

大学生社会实践的形式多种多样，包括但不限于以下几种。

第一，志愿服务：参与社区服务、支教、环保、助老助残等志愿服务活动，培养社会责任感和服务意识。

第二，专业实习：到企事业单位、科研机构等进行与专业相关的实习，将理论知识应用于实际工作，提升专业技能和实践能力。

第三，社会调查：围绕某一社会问题或现象进行深入调查，收集数据，分析原因，提出解决方案，培养研究能力和社会洞察力。

第四，创新创业：参与或自主开展创新创业项目，将创意转化为实际产品或服

---

① “志愿汇”App是在共青团中央指导下运营的中国注册志愿者系统，也是目前全国各地志愿者与志愿活动的聚集平台。

务，培养创新思维和创业精神。

第五，文化交流：参与国内外文化交流活动，了解不同地域、不同民族的文化习俗，增进文化认同和跨文化交流能力。

第六，政策宣讲：参与政府政策、法律法规的宣讲活动，提高政策水平和法治意识。

延伸阅读

榜样精神滋养心灵　道德力量驱动成长

浙江经贸职业技术学院数智财金学院道德寻访实践，缘于学生 2013 年的“浙江骄傲——寻找最美杭州人”活动，自 2016 年起进入常态化开展阶段，学院每年利用假期精心组织学生团队在浙江各地开展道德寻访实践活动。每一位道德模范的凡人善举都是宝贵的育人资源，每一次寻访过程都是一次生动的“公益课”。学生珍惜与道德榜样交流的机会，并自发地与榜样们同向同行，逐渐形成“学榜样 · 做公益”系列活动。

十余年来，参与的学生深入浙江的道德模范群体，共寻访到了道德模范 60 多位，收集了许多珍贵的道德模范事迹文字影像资料，携手道德模范建立了一批志愿服务基地，开展了“学榜样 · 做公益”系列活动。成员参与志愿服务累计 100 余项，时长近 7 000 小时，受益人群达 10 万余人。该活动形成了一个“寻访→学习→感悟→实践→宣传→更多人参与学习→更多人收获感悟→更多人参与实践→更多人加入寻访”的良性循环，构建了一个“立足四核心、坚持四‘有效’”的立体多维德育实践模式。项目的育人价值和社会意义得以充分凸显，走上了品牌化发展的“快车道”。

项目七任务一
知识测验

班级________ 姓名________ 学号________

任务实施

《孟子·尽心上》中有一句话叫“达则兼善天下”，大意是说得志时就要兼顾、帮助天下人，让天下人都得到好处。这蕴含在其中的助人济世的思想早已成为中华民族的精神坐标，深深烙印在中华民族的文化基因中。助人为乐，这个中华民族的传统美德，在每个时代都能找到矢志不渝的践行者，他们以行善为终生志业。请大家调研并挖掘那些在身边，通过志愿服务活动展现无私奉献精神的道德榜样；同时深入体会并理解，是何种内在力量与信念，支撑着他们坚持不懈地投身于帮助他人、传递爱心的崇高事业之中。

<table>
<tr><th>任务名称</th><th colspan="3">寻访身边的道德榜样</th></tr>
<tr><td>任务目的</td><td colspan="3">以身边的道德榜样为寻访对象，通过对榜样的面对面访谈，学习榜样精神，树立正确的道德观念。</td></tr>
<tr><td>任务步骤</td><td colspan="3">1. 前期筹备：组建团队，明确分工；明确寻访对象，设计调研问卷或访谈提纲。
2. 实地走访：用镜头记录下与道德榜样的访谈经过；如有机会，可携手道德模范开展一次志愿服务活动。
3. 形成报告：将访谈结果、服务感想等结集成册。</td></tr>
<tr><td>任务材料</td><td colspan="3">手机、相机等拍摄器材等</td></tr>
<tr><td rowspan="2">组员</td><td></td><td></td><td></td></tr>
<tr><td></td><td></td><td></td></tr>
<tr><td>活动过程</td><td colspan="3"></td></tr>
<tr><td>收获与反思</td><td colspan="3"></td></tr>
</table>

任务二 勤工助学

任务导引

★“阳光助学计划”护航，“爱笑女孩”拥抱幸福人生★

“我不敢想，要是没有我的养父和养母，我会在哪里；要是没有老师和同学的支持与帮助，我又会变得怎样；要是没有国家对我们家庭经济困难学生的资助政策，我又会有多少人生遗憾！”在2018年国家奖学金省级特别评审答辩会现场，来自浙江经贸职业技术学院的肖金莲真情地告白，感动了现场的很多人。直到今天，仍然有很多人关心着这个坚强的女孩。

肖金莲出生在福建宁德，从小被亲生父母遗弃，却又被珍爱她的养父母抚养长大。2016年，肖金莲怀着惴惴不安的心情来到了浙江经贸职业技术学院。没想到，她不仅通过学校的绿色通道顺利报到，还领到了一份温馨大礼包，这给了她最初的信心和温暖。入校后，在老师的推荐下，肖金莲申请了学校勤工助学岗位（每周8小时管理实训室机房），解决了生活拮据的燃眉之急。这是该校实施的“阳光助学计划”的具体体现，力求实现对家庭经济困难学生的全覆盖，履行“不让一名学生因家庭经济困难而失学”的郑重承诺。

在学校老师的帮助下，肖金莲树立了自己的目标，不惧怕生活的艰难，努力提升专业技能，努力感恩回馈社会，勇于做时代新人。

“每次想放弃的时候，我就想起年迈体弱的养父母拼命干活把我养大，哥哥、姐姐早早步入社会，把上学的机会留给了我。”肖金莲说，“同时，真的非常感谢国家、社会和学校给予我的资助和帮助，让我有机会进入大学这座象牙塔，我倍感珍惜！”

任务描述

说起勤工助学，你会想到什么？你身边是不是有很多同学参加了这项“工作”呢？他们在这个过程中碰到过什么问题，如何解决问题，最后收获了什么？如果是你，你会怎样去做好勤工助学这份工作？党的二十大报告指出，实施科教兴国战略，强化现代化建设人才支撑。在此背景下，高校勤工助学又有哪些资助育人的意义？本任务将带领你全面认识勤工助学，学习勤工助学的一些技巧，了解勤工助学的一些注意事项，这既能帮助你提升自己的工作技巧，也能帮助你在日后更好地适应工作环境。

本任务的具体要求如下：（1）了解勤工助学的概念并理解其意义；（2）了解勤工助学的参与方式和权益保障；（3）学习勤工助学的实用技巧，了解勤工助学的注意事项。

任务知识

一、什么是勤工助学

（一）勤工助学的定义

勤工助学是指学生在学校的组织下利用课余时间，通过劳动取得合法报酬，用于改善学习和生活条件的实践活动。

勤工助学是学校学生资助工作的重要组成部分，是提高学生综合素质和资助家庭经济困难学生的有效途径，是实现全程育人、全方位育人的有效平台。勤工助学活动应坚持“立足校园、服务社会”的宗旨，按照学有余力、自愿申请、信息公开、扶困优先、竞争上岗、遵纪守法的原则，由学校在不影响正常教学秩序和学生正常学习的前提下有组织地开展。

（二）勤工助学的设岗原则

学校应积极开发校内资源，满足学生参与勤工助学的需要。校内勤工助学岗位的设置应以校内教学助理、科研助理、行政管理助理和学校公共服务等为主。按照每个家庭经济困难学生月平均上岗工时原则上不低于 20 小时为标准，测算出学期内全校每月需要的勤工助学总工时数（20 工时 × 家庭经济困难学生总数），统筹安排、设置校内勤工助学岗位。

勤工助学岗位既要满足学生需求，又要保证学生不因参加勤工助学而影响学习。学生参加勤工助学的时间原则上每周不超过 8 小时，每月不超过 40 小时。寒暑假勤工助学时间可根据学校的具体情况适当延长。

（三）勤工助学的类型

从工作周期来说，勤工助学岗位分固定岗位和临时岗位两种类型。固定岗位是指持续一个学期以上的长期性岗位和寒暑假期间的连续性岗位；临时岗位是指不具有长期性，通过一次或几次勤工助学活动即可完成任务的工作岗位。

从工作内容来说，勤工助学岗位主要有劳务型、技术型和管理型三种类型。劳务型岗位为最基础的岗位形式，需要细致和耐心，岗位例如办公室卫生清理、图书馆书籍管理等；技术型岗位要求参与者拥有岗位所需的技能，为岗位提供技术支持，岗位例如摄影摄像、机房维护等；管理型岗位对学生的综合管理能力要求更高，需要学生具有较强的责任感和综合管理能力，岗位例如办公室助理、各类中心管理助理等。

（四）勤工助学的意义

勤工助学作为发展型资助的重要组成部分，不仅从物质上保障了学生的部分生活来源，也具有深远的意义。

首先，勤工助学通过物质帮助扶“困”。参与勤工助学的学生每月可按劳获取一定的报酬，这部分资金可以帮助学生解决部分生活来源的问题，在一定程度上减轻了学生及其家庭的经济负担，有助于学生顺利完成学业。

其次，勤工助学通过道德浸润扶“质”。学生通过自己的劳动获取相应的报酬，增强了他们的劳动观念，并可以让他们在劳动中了解吃苦耐劳、勤俭节约的优良美德。他们通过独立劳动来获取保障，有助于培养自立、自强的品质。

再次，勤工助学通过能力拓展扶“智”。勤工助学为学生提供了工作岗位，提供了提升技能、适应社会的实践舞台。通过承担一定的工作职责，学生待人接物、解决问题的能力得以提升，以利于今后更好地进入社会。

最后，勤工助学通过精神激励扶“志”。学生通过勤工助学可以更加清楚地明白自己的优势和劣势，也明白了什么样的人在工作中更受欢迎，从而督促自己在今后的学习中更加有针对性地提升自我，为增强自己的竞争力、实现自己的目标不断努力。

延伸阅读

高等学校学生勤工助学管理办法

（2018 年修订）

第一章　总则

第一条　为规范管理高等学校学生勤工助学工作，促进勤工助学活动健康、有序开展，保障学生合法权益，帮助学生顺利完成学业，发挥勤工助学育人功能，培养学生自立自强、创新创业精神，增强学生社会实践能力，特制定本办法。

第二条　本办法所称高等学校是指根据国家有关规定批准设立、实施高等学历教育的全日制普通本科高等学校、高等职业学校和高等专科学校（以下简称学校）。

第三条　本办法所称学生是指学校招收的本专科生和研究生。

第四条　本办法所称勤工助学活动是指学生在学校的组织下利用课余时间，通过劳动取得合法报酬，用于改善学习和生活条件的实践活动。

第五条　勤工助学是学校学生资助工作的重要组成部分，是提高学生综合素质和资助家庭经济困难学生的有效途径，是实现全程育人、全方位育人的有效平台。勤工助学活动应坚持“立足校园、服务社会”的宗旨，按照学有余力、自愿申请、信息公开、扶困优先、竞争上岗、遵纪守法的原则，由学校在不影响正常教学秩序和学生正常学习的前提下有组织地开展。

第六条　勤工助学活动由学校统一组织和管理。学生私自在校外兼职的行为，不在本办法规定之列。

第二章 组织机构

第七条 学校学生资助工作领导小组全面领导勤工助学工作，负责协调学校的宣传、学工、研工、财务、人事、教务、科研、后勤、团委等部门配合学生资助管理机构开展相关工作。

第八条 学校学生资助管理机构下设专门的勤工助学管理服务组织，具体负责勤工助学的日常管理工作。

第三章 学校职责

第九条 组织开展勤工助学活动是学校学生工作的重要内容。学校要加强领导，认真组织，积极宣传，校内有关职能部门要充分发挥作用，在工作安排、人员配备、资金落实、办公场地、活动场所及助学岗位设置等方面给予大力支持，为学生勤工助学活动提供指导、服务和保障。

第十条 加强对勤工助学学生的思想教育，培养学生热爱劳动、自强不息、创新创业的奋斗精神，增强学生综合素质，充分发挥勤工助学育人功能。

第十一条 对在勤工助学活动中表现突出的学生予以表彰和奖励；对违反勤工助学相关规定的学生，可按照规定停止其勤工助学活动。对在勤工助学活动中违反校纪校规的，按照校纪校规进行教育和处理。

第十二条 根据本办法规定，结合学校实际情况，制定完善本校学生勤工助学活动的实施办法。

第十三条 根据国家有关规定，筹措经费，设立勤工助学专项资金，并制定资金使用与管理办法。

第四章 勤工助学管理服务组织职责

第十四条 确定校内勤工助学岗位。引导和组织学生积极参加勤工助学活动，指导和监督学生的勤工助学活动。

第十五条 开发校外勤工助学资源。积极收集校外勤工助学信息，开拓校外勤工助学渠道，并纳入学校管理。

第十六条 接受学生参加勤工助学活动的申请，安排学生勤工助学岗位，为学生和用人单位提供及时有效的服务。

第十七条 在学校学生资助管理机构的领导下，配合学校财务部门共同管理和使用学校勤工助学专项资金，制定校内勤工助学岗位的报酬标准，并负责酬金的发放和管理工作。

第十八条 组织学生开展必要的勤工助学岗前培训和安全教育，维护勤工助学学生的合法权益。

第十九条 安排勤工助学岗位，应优先考虑家庭经济困难的学生。对少数民族学生从事勤工助学活动，应尊重其风俗习惯。

第二十条 不得组织学生参加有毒、有害和危险的生产作业以及超过学生身体承受能力、有碍学生身心健康的劳动。

第五章　校内勤工助学岗位设置

第二十一条　设岗原则：

（一）学校应积极开发校内资源，保证学生参与勤工助学的需要。校内勤工助学岗位设置应以校内教学助理、科研助理、行政管理助理和学校公共服务等为主。按照每个家庭经济困难学生月平均上岗工时原则上不低于 20 小时为标准，测算出学期内全校每月需要的勤工助学总工时数（20 工时 × 家庭经济困难学生总数），统筹安排、设置校内勤工助学岗位。

（二）勤工助学岗位既要满足学生需求，又要保证学生不因参加勤工助学而影响学习。学生参加勤工助学的时间原则上每周不超过 8 小时，每月不超过 40 小时。寒暑假勤工助学时间可根据学校的具体情况适当延长。

第二十二条　岗位类型：

勤工助学岗位分固定岗位和临时岗位。

（一）固定岗位是指持续一个学期以上的长期性岗位和寒暑假期间的连续性岗位；

（二）临时岗位是指不具有长期性，通过一次或几次勤工助学活动即完成任务的工作岗位。

第六章　校外勤工助学活动管理

第二十三条　学校勤工助学管理服务组织统筹管理校外勤工助学活动，并注重与学生学业的有机结合。

第二十四条　校外用人单位聘用学生勤工助学，须向学校勤工助学管理服务组织提出申请，提供法人资格证书副本和相关的证明文件。经审核同意，学校勤工助学管理服务组织推荐适合工作要求的学生参加勤工助学活动。

第七章　勤工助学酬金标准及支付

第二十五条　校内固定岗位按月计酬。以每月 40 个工时的酬金原则上不低于当地政府或有关部门制定的最低工资标准或居民最低生活保障标准为计酬基准，可适当上下浮动。

第二十六条　校内临时岗位按小时计酬。每小时酬金可参照学校当地政府或有关部门规定的最低小时工资标准合理确定，原则上不低于每小时 12 元人民币。

第二十七条　校外勤工助学酬金标准不应低于学校当地政府或有关部门规定的最低工资标准，由用人单位、学校与学生协商确定，并写入聘用协议。

第二十八条　学生参与校内非营利性单位的勤工助学活动，其劳动报酬由勤工助学管理服务组织从勤工助学专项资金中支付；学生参与校内营利性单位或有专门经费项目的勤工助学活动，其劳动报酬原则上由用人单位支付或从项目经费中开支；学生参加校外勤工助学，其劳动报酬由校外用人单位按协议支付。

第八章　法律责任

第二十九条　在校内开展勤工助学活动的，学生及用人单位须遵守国家及学校勤工助学相关管理规定。学生在校外开展勤工助学活动的，勤工助学管理服务组织必须经学校授权，代表学校与用人单位和学生三方签订具有法律效力的协议书。签订协议书并办理相关聘用手续后，学生方可开展勤工助学活动。协议书必须明确学校、用人单位和学生等各方的权利和义务，开展勤工助学活动的学生如发生意外伤害事故的处理办法以及争议解决方法。

第三十条　在勤工助学活动中，若出现协议纠纷或学生意外伤害事故，协议各方应按照签订的协议协商解决。如不能达成一致意见，按照有关法律法规规定的程序办理。

第九章　附则

第三十一条　科研院所、党校、行政学院、会计学院等研究生培养单位根据本办法规定，制定完善本单位学生勤工助学活动的实施办法。

第三十二条　本办法由教育部、财政部负责解释。

第三十三条　本办法自公布之日起施行。教育部、财政部印发的《高等学校勤工助学管理办法》（教财〔2007〕7号）同时废止。

二、如何参加勤工助学

（一）勤工助学的信息获取

学校一般设有学生资助工作领导小组，全面领导勤工助学工作，负责协调学校的学工部、财务处、团委、各二级学院等部门配合学生资助管理机构开展相关工作。学校学工部一般设有学生资助管理机构，具体负责勤工助学的日常管理工作。以浙江经贸职业技术学院为例，在每学期开学初，学工部都会根据各用工部门上报的需求，及时在系统或者网站上公布岗位需求信息，学生可以登录系统或关注相关公众号跟进。团委下属志工部也会及时在相关群里发送信息，招募有需要或有意向的勤工助学学生。

（二）勤工助学的用工程序

每学期开学初，根据学工部公布的岗位需求信息，学生提出申请，由班主任、二级学院（系部）、用工部门、学生处审核，择优录用，安排勤工助学岗位。校内各勤工助学岗位，除有专业技能等特殊原因外，应优先考虑本校品学兼优的贫困学生。

勤工助学的学生由学生处会同用工部门进行考核，用工部门应进行用工时间登记，学生处应定期抽查核实。

勤工助学学生的报酬参照教育部、财政部学生勤工助学有关规定执行，结合岗位的劳动强度，按小时计酬。用工部门按月上报，相关部门审核后，由财务处发放报酬。

学生参与校内经营性机构的劳动，报酬支付实行“谁用工谁支付”的原则，酬金参照教育部、财政部学生勤工助学有关规定执行；学生参加校外勤工助学，其劳动报酬由校外用工单位按协议支付。

（三）勤工助学的权益保障

学生勤工助学依法享受劳动保护，用工部门应为学生的人身安全提供保障，不得损害学生的合法权益。学生处代表学校对用工部门行使监督职能。为保证勤工助学学生的人身安全，用工部门不得安排学生参加容易造成人身伤害的工作以及其他不适合学生承担的工作。勤工助学岗位的安排应充分考虑到学生的专业学习需要。劳动时间安排应考虑到学生的课时安排，原则上每月不超过 40 小时。

学生在校学习期间自行到校外从事兼职或在校内外进行经商活动，造成的损失由学生本人承担。学生在校学习期间自行到校外从事兼职或在校内外进行经商活动，违反学校规定的，按学校学生管理办法给予处分。涉嫌违法的，移送有关国家机关处理。

三、怎样更好地参与勤工助学

（一）勤工助学的岗前准备

首先，要了解自己的优势，选择适合自己的勤工助学岗位。每个人的优势不同，每个岗位的能力要求也不同。例如：机房维护岗位要求学生具有良好的专业技能；办公室助理岗位要求学生具有细致的心思和基本的办公技能；窗口值班岗位要求学生具有良好的表达能力和沟通能力。因此，明确自己的优势，是应聘合适岗位的第一步。

其次，为了更好地适应勤工助学岗位，参加岗前培训就显得非常重要。合理的岗前培训可以帮助勤工助学学生更好地熟悉自己的岗位职责和岗位要求。一般来说，此类培训包括勤工助学的文件政策、招聘及考核流程、学生权益保障、工作技巧等方面的内容。在投身新岗位之前，了解这些具体信息对学生来说非常有帮助，可以消除学生的疑虑及紧张心理，减少因为不熟悉岗位而造成的挫折和失误，更好地完成勤工助学工作。

学生在刚参加勤工助学时，如果遇到了从未碰到过的问题，注意以下几点：一是要不断地自我激励、自我肯定，要认识到在面对新环境、新事物时，碰到问题和不熟悉的事务是非常正常的情况，不用因此而退缩或自我否定；二是要主动求教，向熟悉该事务的老师或同学请教，虚心学习，用心掌握；三是要学会反思，对遇到的问题进行反思以找出问题的原因，从而不断地改进和提升自己的本领。当然，在实践过程中，如果确实发现自己不能胜任该勤工助学岗位，也要及时提出，根据实际情况来调整工作内容或工作岗位。

（二）勤工助学的实用技能

学生在勤工助学时，经常会参与各项办公事务，这就要求学生具备一些常用且实用的技能。掌握并熟练使用办公技能可以使学生在完成工作时事半功倍；同时，在不断的实践中，也能提升学生的工作能力，为今后的正式工作奠定良好的基础。那么，勤工助学最常用的技能包括哪些呢？

一是熟悉各类计算机文档，即现代办公中最常用的 Office 软件，包括 Word、Excel、PPT 等。熟练掌握这几项技能，学生可以快速且有效地完成很多工作，并大大减少机械工作的时间。值得注意的是，在使用这些计算机软件时，一定要记得及时保存；有条件时，也可以做好备份工作，以免材料丢失。

二是合理使用常用办公设备，包括 U 盘、移动硬盘、复印机、传真机、打印机等。在使用 U 盘、移动硬盘等办公设备时，一般需要先检查并杀毒，以免影响其他设备的使用；在使用复印机、传真机、打印机时，需要提前向熟练运用这些设备的老师、同学请教，以免造成机器出现故障、浪费纸张等问题。

三是及时做好资料整理和归档工作，包括办公室纸质资料及电子资料的整理和归档工作。一般来说，各个岗位的勤工助学工作多少都会涉及资料整理，尤其是在教师办公室勤工助学的同学，一定要注意资料的整理。在整理资料时，无论是纸质资料还是电子资料，都要注意及时剔除草稿纸或没有价值的资料，然后可以利用文件夹，按照资料的内容、时间、主题等进行分类归档，及时整理好并放在指定位置，以方便日后查找和使用。

（三）勤工助学的注意事项

1. 注意工作礼仪

勤工助学往往是学生接触到的第一份工作，因此，工作礼仪显得尤为重要。这里说的工作礼仪主要包括个人礼仪、行为礼仪、言谈礼仪。

（1）个人礼仪体现在个人仪表、个人卫生、个人服饰等方面。个人仪表方面要求端庄，这是留给他人的第一印象，非常重要，也在一定程度上反映了个人的品德修养等特征；个人卫生方面要求注意个人清洁，养成良好的卫生习惯；个人服饰方面要求整洁大方，不盲目追求时髦个性，穿戴要与季节时令、工作内容、所处环境等相匹配。

（2）行为礼仪方面要求文明礼貌、从容大方。中国历来有“坐有坐相、站有站相”的说法，其实讲的就是行为礼仪。在工作中，挺拔、端正的仪态会给他人留下认真、积极的印象。不管是坐姿还是站姿，都要讲究礼貌，切忌抖腿、骑跨椅子等不礼貌的行为。此外，在工作中，亲切、真诚的微笑既会给他人留下美好的印象，也可以鼓励自己以愉悦的心态面对困难。

（3）语言是最重要的沟通方式，因此言谈礼仪在人际交往中显得非常重要。学生在勤工助学过程中难免会需要与老师、同学沟通。在交流时，首先需要使用礼貌用语，如“您好”“谢谢”“对不起”“好的，稍等”等。在与人交流时，一定要直视对方的眼睛以示尊重；交谈时尽可能做到吐字清楚、语速适当、思路清晰，使得交谈更有效率。

2. 注重工作小节

细节决定成败，在工作中过于“不拘小节”往往不利于给人留下严谨认真的印象。

（1）在办公室工作也需要以公众场合的标准要求自己，应避免衣冠不整、大声喧哗、嬉笑打闹。在办公室里尽量不要吃东西，或者带入一些有异味的东西，以免影响他人。如遇身体不适，特别是患有流行性感冒等传染性疾病时，应及时向老师请假，以避免传染给其他人。在办公区域要保持清洁，定期整理和打扫卫生，处理垃圾。办公用品要摆放整齐，方便取用。

（2）切忌随意对他人评头论足，无论是当面还是背后，都不应该随意对别人进行点评。办公室若有人在进行私人谈话，应注意避开，不该问的不要刨根问底或私下打探，更不能将办公室的所见所闻当作娱乐八卦四处传播。对别人的发言有不同意见时，要耐心听完他人的意见，在适当的时候再表达自己的意见，不能贬低或歧视对方。

（3）“好记性不如烂笔头”。随身携带笔记本和笔，将老师交办的任务按重要性和时间线逐条记录，如果有不明白的，要及时问清并做好记录，以免有遗漏。如果遇到有人来访老师刚好不在，也可以及时询问来访者，做好登记工作，以便向老师转达。如果是岗位需要，则在接听来电时应及时做好记录，将来电时间、对方姓名、联系方式等及时告知老师。

3. 培养良好的工作心态

要培养良好的工作心态，保持平常心、树立自信心、维持进取心。

保持平常心，就是要认清任何人在人生过程中都会遇到困难和挫折，这是人生的常态，只有实事求是、承认问题，才能有效地解决问题。

树立自信心，就是要积极肯定自我价值，不断自我鼓励，尊重自己，从而克服负面情绪，发挥自身潜能，更高效地开展工作。

维持进取心，是一种与时俱进的表现，只有具备不断提升自己的强烈愿望，才能激发自己不断去充实自己、吸收新知识。新时代的年轻人需要有这种拼劲和目标，只有这样才能更加积极主动地去实现自己的价值。

当然，在遇到困难时，可以同能共情的同学、朋友进行沟通，通过朋辈辅导来获取精神支持；如果有疑虑，也应及时向辅导员、学生处的老师、心理健康教育中心的老师等进行咨询，以获取帮助。

项目七任务二
知识测验

班级________ 姓名________ 学号________

任务实施

本任务的实施可以通过网络信息检索、实地调研等途径开展，调研的内容围绕任务描述中的相关问题展开，具体包括勤工助学的意义以及探寻通过勤工助学提升自我的路径等内容。

任务名称	探寻新时代勤工助学技能提升新方式		
任务目的	以所在学校勤工助学开展情况为例进行深入调研，增强对其的认知和理解，学习勤工助学实用技能，培养自立自强品质。		
任务步骤	1. 前期筹备：组建团队，明确分工；收集资料，设计调研问卷或访谈提纲。 2. 实地调研：开展线上线下调研，如实地走访、访问负责教师或参与学生、收集调研对象基本信息等。 3. 形成报告：对所收集的资料进行整理分析，可以围绕“当前勤工助学情况、所需技能、提升方式”等方面撰写报告，并尝试提供促进参与者获得提升的具体方式。		
任务材料	相关文献资料		
组员			
活动过程			
收获与反思			

项目八 传承古韵匠心：非遗[1]技艺

知识目标

1. 了解中华优秀传统文化的内涵和特点
2. 掌握非遗的含义和特点
3. 能够判断非遗的基本类别

技能目标

1. 能够进行一次东西方非遗的线上交流
2. 能够学习一项非遗技艺
3. 能够设计一份非遗社团活动策划方案

素质目标

1. 培养尊重与珍视中华优秀传统文化的态度
2. 增强对非遗的保护意识
3. 树立传承的责任感，培养创新与实践能力

---

① 非遗：非物质文化遗产，在本书中简称为“非遗”。

任务一 中华优秀传统文化

任务导引

★ 杭州亚运会铭刻文化自信 ★

亚运赛事正酣，中秋佳节共度，体育盛会遇见传统节日，尽显浪漫。制作花灯、团扇作画、用模具为月饼印上图案，运动员村里的中秋主题日体验活动精彩纷呈；浙派古琴、苏州评弹、昆曲、点茶，西湖中秋赏月雅集活动广受欢迎。通过亚运会，中华优秀传统文化的独特魅力呈现在世界人民面前。

越是民族的，就越是世界的。人文盛会、江南情致，杭州亚运会体现着独特的中国气派，为世界打开了一扇观察中华文化的时代新窗。特别是开幕式上，国风少年以地为画、踏墨而舞，“一抹丹青”将时光拉回千年前；地屏上，在水光潋滟的江南画境中，宋韵女子的清雅身姿和芭蕾舞步相互映衬；全景立体影像构筑的拱宸桥跃然于大运河之上，形态逼真、栩栩如生，一岸连过往，一岸通当今……“中国风”贯穿始终，“中国味”融入细节，“中国情”感动人心，中国元素刷新了体育盛会的审美，拨动着无数人的心弦。

文化是岁月的陈酿、时间的沉淀，不仅关乎过去，更关乎现在与未来。极具地域风韵的短片《相约杭州》，让古今杭州隔空对话，展现杭州作为“历史文化名城、创新活力之城、生态文明之都”的多元风采。开幕式上，由超过 1 亿人参与传递汇聚而成的“数字火炬手”高擎火炬，从钱塘江踏浪而来，与主火炬手共同点燃主火炬塔，彰显着传统与现代的激荡、科技与文化的融合。各场馆内，新一代数字技术广泛得以应用，智慧运营赋能赛事活动；场馆之外，新能源汽车获得优先使用，户外项目呈现生态之美。赛场内外无不体现了浙江跑出高质量发展的加速度。可以说，透过一届“中国特色、亚洲风采、精彩纷呈”的体育盛会，人们既能思接千载，感受中国深厚的文化底蕴；又能视通万里，看见中国的时代风采，见证新时代中国的发展进步和精神风貌。

资料来源：李拯．杭州亚运会铭刻文化自信（人民论坛）[N]．人民日报，2023-10-06.

任务描述

提起中华优秀传统文化，你会想起什么？二十四节气是古人不违农时的时令总结，对当下促进人与自然和谐共生仍有借鉴意义；道家的“上善若水”、儒家的“仁义礼智信”经过几千年的积淀，作为社会主义核心价值观的重要源泉，已为我们内心认同并自觉践行；《朱子家训》《弟子规》等家风家规垂诸后世，教会我们为人之本、处世之道；卧薪尝胆、苏武牧羊、岳母刺字等一系列典故，涵养我们修齐治平、兴亡有责的家国情怀；饮食服装、古建筑、老字号品牌等，承载着中华民族生产生活的历史积淀，浸润于当下生产生活实践的方方面面……中华优秀传统文化积淀着中华民族最深沉的精神追求，代表着中华民族独特的精神标识，是中华民族生生不息、发展壮大的丰厚滋养。

本任务将带你一起去感受中华优秀传统文化的魅力，具体要求为理解以下几方面内容：（1）中华优秀传统文化的内涵是什么？（2）中华优秀传统文化的特点是什么？（3）如何推动中华优秀传统文化的创造性转化和创新性发展？

任务知识

一、中华优秀传统文化的内涵

中华优秀传统文化是中华民族的文化根脉，其蕴含的思想观念、人文精神、道德规范，不仅是我们中国人思想和精神的内核，对解决人类问题也有重要价值。党的二十大报告指出："中华优秀传统文化源远流长、博大精深，是中华文明的智慧结晶，其中蕴含的天下为公、民为邦本、为政以德、革故鼎新、任人唯贤、天人合一、自强不息、厚德载物、讲信修睦、亲仁善邻等，是中国人民在长期生产生活中积累的宇宙观、天下观、社会观、道德观的重要体现，同科学社会主义价值观主张具有高度契合性。"中华优秀传统文化内涵丰富、气象万千。择要而言，可从其核心思想理念、灿烂文明历史、经典文艺创作三个维度予以把握。

核心思想理念是中华优秀传统文化的灵魂。党的二十大报告所列举的天下为公、民为邦本、为政以德、革故鼎新、任人唯贤、天人合一、自强不息、厚德载物、讲信修睦、亲仁善邻这十个关键词，都属于中华优秀传统文化的核心思想理念，它们共同构筑了中国人的宇宙观、天下观、社会观、道德观，构筑了中华五千年灿烂文明历史的精神底色和精神标识，需要我们在新的历史条件下不断赓续弘扬、转化创新。

灿烂文明历史是中华优秀传统文化的躯体。中华优秀传统文化的核心思想理念，是从先民们长期以来的生产生活实践中积累升华而成的，是从漫长悠久的历史进程中总结提炼而成的，同时又指引着一代又一代中华儿女不断开辟更加光辉灿烂的文明。只有从履仁蹈义、握发吐哺、徙木立信、负荆请罪、卧薪尝胆、悬梁刺股、鞠躬尽瘁、闻鸡起舞、直言谏诤、尽忠报国等一系列深切著明、波澜壮阔的历史实践中，才能更充分地体认核心思想理念的文化品格、实践伟力及其起承递嬗。只有讲清楚中华优秀传统文化的历史渊源，全面深入地了解中华文明的历史，才能更有效地推动中华优秀传统文化创造性转化、创新性发展。

经典文艺创作是中华优秀传统文化的形象。核心价值理念、灿烂文明历史被人们感知、了解和认同，离不开经典文艺创作鲜活生动的呈现与建构。《望岳》《将进酒》等经典诗歌，勾勒出豪迈自信的精神面貌；《三国演义》《水浒传》等经典小说，烘托出英雄豪杰的忠义形象；《祭侄文稿》《千里江山图》等经典书画，蕴藏着深挚赤忱的家国情怀……经典文艺创作始终秉持诗以言志、文以载道的优良传统，充分展现中华美学精神和中华审美风范，在中华优秀传统文化百花园中最为灵动、最富魅力、最能感发情志和沁润心田。

二、中华优秀传统文化的特点

（一）本土性

中华优秀传统文化的本土性，指的是其起源与发展深深植根于中国的地理环境、历史传统和社会结构中。中华优秀传统文化的形成与发展，离不开中国这块古老而广袤的土地，从农耕社会到现代社会，中华优秀传统文化始终与中国的地理环境、社会制度、经济形态等紧密相连。本土性还体现在其语言、文字、艺术、宗教、哲学等各个方面，这些元素都深深打上了中华优秀传统文化的烙印。这一特性也使得中华优秀传统文化具有独特的地域色彩和民族特色。

（二）多样性

中华优秀传统文化的多样性，指的是其内容丰富、形式多样、领域广泛，涵盖文学、艺术、哲学、宗教、历史、科技等多个方面。中华优秀传统文化博大精深，既有儒家、道家、佛家等主流思想流派，又有诗词歌赋、书画音乐、戏曲舞蹈等多种艺术形式。多样性还体现在其地域特色上，不同地区、不同民族的文化传统各具特色，共同构成了多元格局。

（三）包容性

中华优秀传统文化的包容性，指的是其能够博采众长、兼收并蓄，积极吸纳外来文化的优秀成果，与自身文化相融合。历史上，中华优秀传统文化曾与多种外来文化进行交流与融合，如佛教的传入与本土化、丝绸之路上的文化交流等。这些交流不仅丰富了中华优秀传统文化的内涵，也促进了中华优秀传统文化的繁荣发展。包容性还体现在其对外来文化的尊重和接纳上。无论是古代的“丝绸之路”还是现代的“一带一路”，都体现了中华优秀传统文化开放包容的精神。

（四）凝聚性

中华优秀传统文化的凝聚性，指的是其能够凝聚人心、增强民族认同感和归属感，是中华民族共同文化特质的体现。中华优秀传统文化中的许多元素如传统节日、民俗习惯、道德观念等都具有强烈的民族色彩和凝聚力，能够激发人们的民族自豪感和归属感。凝聚性还体现在其对社会稳定和民族团结的促进作用上，为中华民族伟大复兴提供了强大的精神动力。

（五）连续性

中华优秀传统文化的连续性，指的是其源远流长、绵延不绝，历经数千年而不断发展壮大。中华文明是世界上唯一没有中断的古老文明之一，其历史可以追溯到远古时期。在漫长的历史长河中，中华优秀传统文化不断传承与发展，形成了独具特色的文化传统和民族精神。连续性还体现在其对后世文化的深远影响上。无论是古代的思想家、文学家，还是现代的文化学者、艺术家，都从中汲取了丰富的营养和灵感。

三、推动中华优秀传统文化创造性转化和创新性发展

（一）文化传承与创新工程

实施中华优秀传统文化传承发展工程，加强中华文明探源和考古研究成果、中华文化典籍等全媒体传播，提升博物馆、纪念馆和文物保护单位展陈教育水平以及现代媒介的运用。

（二）非物质文化遗产保护

加强非物质文化遗产保护传承，健全非遗调查记录体系、代表性项目制度、代表性传承人认定与管理制度，对国家级非遗代表性项目实施动态管理。

（三）国家文化公园建设

整合长城、大运河、黄河、长江沿线等重要文化资源，强化文物和非遗真实完整保护传承，建设管控保护、主题展示、文旅融合、传统利用等主体功能区。

（四）公共文化服务体系建设

推进城乡公共文化服务体系一体化建设，推动公共文化数字化建设，创新实施文化惠民工程，提升基本公共文化服务标准化、均等化水平。

（五）文化产业高质量发展

推动文化产业高质量发展，以深化供给侧结构性改革为主线，以文化改革创新为根本动力，满足人民日益增长的精神文化生活需要。

项目八任务一
知识测验

学号________ 姓名________ 班级________

任务实施

本任务可以通过网络信息检索、实地调研等途径开展，调研的内容围绕任务描述中的相关问题展开，具体包括中华优秀传统文化的内涵、特点，以及在推动其创造性转化和创新性发展方面好的做法。

任务名称	探寻中华优秀传统文化创造性转化和创新性发展的路径		
任务目的	以某一优秀传统文化为例，进行深入的调查研究，增强对其的了解与认知，提升文化自信；运用创新思维，推动中华优秀传统文化的传承与发展。		
任务步骤	1. 前期筹备：组建团队，明确分工；收集资料，设计调研问卷或访谈提纲。 2. 实地调研：开展线上或线下调研，如实地走访、访问专家学者，收集一手资料。 3. 形成报告：对收集到的资料进行整理分析，可以围绕“调研对象的现状、存在的问题及解决思路”等几个方面撰写报告，并尝试提出促进其创造性转化和创新性发展的具体路径。		
任务材料	相关文献资料等		
组员			
活动过程			
收获与反思			

任务二 非遗技艺

任务导引

★ 国内建筑首次引入艺术青瓷屏扇 ★

杭州国家版本馆又名“文润阁”，核心功能为保藏、展示、研究和交流，是集图书馆、博物馆、档案馆、展览馆等多种功能于一体的综合性场馆。它由中国美术学院教授、普利兹克建筑奖首位中国籍得主王澍教授率领其团队主创设计，采用“宋韵”园林建筑风格。设计围绕“宋代园林神韵的当代藏书建筑”展开，一派温润如玉的现代“宋韵”风格。

特别值得一提的是馆内大量的青瓷门扇的使用，通过程序可以控制其配合使用场景以任意角度开合，这也是国内首次应用，其设计反映出宋画中天人合一的美学意境。

宋代是中国瓷器艺术的高峰时期，场馆主书房至四区、南门以及绕山廊都设置了龙泉青瓷屏扇（见图 8-1），使用以梅子青为基准色的四种颜色，共 251 樘，单樘规格为 2.68 米 ×10.34 米，屏扇厚度为 22 厘米，重量高达 4 吨。各樘屏扇可转动方向合并成整体，类似宋画中的画屏。

图 8-1　杭州国家版本馆龙泉青瓷屏扇

如何体现这个“润”字？大家的第一反应就是《诗经》中的那句“言念君子，温其如玉”。2020 年 7 月，为充分彰显浙江元素和龙泉特色，根据展馆设计规划，主创方决定将龙泉青瓷釉面砖（青瓷板）列为展馆外墙装饰重要材料。该工程对青瓷板的规格（大部分为 783mm × 290mm × 10mm）、平整度、烧制、包装等也提出了极高的要求，若按该质量规格要求实现批量烧制，更是对龙泉建筑青瓷产品的烧制技术提出了新的挑战。最后，龙泉三家企业增加设备投入、邀请专家，历时半年，对原料和釉料配方进行几十次调整和试烧，试验青瓷片数量超过 1 000 片。在共同努力下，大家终于完成了 10 000 余平方米的青瓷板生产任务。三家企业严把产品质量关，将已烧成的瓷板进行切割平整后，再加温上釉进行烧成。这种在成瓷后再施釉烧制的工艺攻克了关键技术，在龙泉建筑青瓷产品生产的关键领域和“卡脖子”烧制技术上首次实现了突破。

资料来源：崔建霞．用瓷仿玉破题文润阁的“润”字 龙泉青瓷元素融入杭州国家版本馆［EB/OL］．(2022-07-27)［2025-05-02］龙泉新闻网．

任务描述

中国书法艺术行云流水、篆刻技艺炉火纯青、剪纸技艺出神入化、木结构营造技艺巧夺天工……这些传统手工艺的创作过程往往是人与自然对话和交流的过程，体现了人与自然的高度统一。中国传统匠人在天地万物中取法、在四季更迭中合道，让传统技艺在口传心授中发展，历经千百年传承不息。非遗是民族精神的重要体现和鲜明标识。

现在，有许多非遗项目通过社团活动、社会实践等形式走进了高校。非遗在提升大学生劳动意识、动手能力，培养文化自信、民族精神以及对传统文化的认同感上，都具有不可替代的作用。

本任务的具体要求如下：(1) 了解非物质文化遗产及其分类；(2) 能列举一些我国入选联合国《世界文化遗产名录》的非遗技艺项目；(3) 参与非遗活动，思考该如何设计大学生非遗主题活动。

任务知识

一、非遗的含义和特点

（一）非遗的含义

非物质文化遗产是中华优秀传统文化的重要组成部分，是中华文明绵延传承的生动见证，是联结民族情感、维系国家统一的重要基础。2011 年 6 月 1 日，《中华人民共和国非物质文化遗产法》施行，该法对非物质文化遗产的定义是：各族人民世代相传并视为其文化遗产组成部分的各种传统文化表现形式，以及与传统文化表现形式相关的实物和场所。

其内涵包括以下几个方面：第一，从传承时限看，非物质文化遗产必须是人类在历史上创造的。时间不足百年者，不能视为非物质文化遗产。第二，从传承形态看，非物质文化遗产必须是以活态形式传承至今的。历史上有但在现实中已经消失的，不能视为非物质文化遗产。第三，从传承基因看，非物质文化遗产必须是原汁原味传承至今的。凡是经过人为刻意改造，特别是政府、学界刻意改造过的“传统文化事项”，不能视为非物质文化遗产。第四，从传承品质看，非物质文化遗产必须有重要的历史认识价值、文化价值、艺术价值、科学价值和社会价值，没有上述价值之一者，不能视为非物质文化遗产。第五，从传承范畴看，非物质文化遗产特指一个民族传统文化中表演艺术类、工艺技术类与节日仪式类传统文化事项，除此之外的传统文化，如杰出作家的文学作品、著名政治家的政治主张，包括一些传统的道德思想，均不能视为非物质文化遗产。

（二）非遗的特点

1. 民族性

各民族的体貌特征、价值取向、审美情趣、饮食方式、生活习惯、日常着装、民俗民风、生产方式都各不相同，不同的地理条件、历史背景、人文风情赋予各个民族不同的文化特色。非物质文化遗产深受各民族自身的人、事、物的影响，因此具有浓郁的本民族特点。在中华民族的宏大叙事中，许多民族都有自身独特的文化传统和民俗技艺。

2. 地域性

非物质文化遗产是以社区、群落为基础而存在的文化印记和智慧结晶。每个社区、群落都有特定的生活地域，地域是文化形成的前提和基础，每个民族的文化都是在特定的环境的滋养和润泽下才得以存续和发展的。正所谓，一方水土养一方人，一方水土也孕育了一方文化。

3. 活态性

非物质文化遗产的活态性主要表现在价值、存在形式、人的传承活动等方面发生的变化。非物质文化遗产主要是靠人在代代相传的过程中，结合自身经验对其进行再创造、再加工而得以存续的。

4. 传承性

非物质文化遗产主要是靠传承人口传心授，世世代代保留下来的。人的活动至关重要，没有人的代代相承，就没有非物质文化遗产的悠久传扬。失传的文化传统或技艺也不可能成为非物质文化遗产。

5. 独特性

每一种非物质文化遗产都是独一无二的，其所蕴含的历史文化、价值观、审美情趣、生活习惯也不尽相同。

二、非遗的分类

为使分类体系更加全面、完善，能够最大限度地根据实际情况囊括所有种类，保护优秀而珍贵的非物质文化遗产，《中华人民共和国非物质文化遗产法》以联合国教科文组织的分类为基础，将非物质文化遗产分为6类：1）传统口头文学以及作为其载体的语言；2）传统美术、书法、音乐、舞蹈、戏剧、曲艺和杂技；3）传统技艺、医药和历法；4）传统礼仪、节庆等民俗；5）传统体育和游艺；6）其他非物质文化遗产。有的类别间并不存在明显的界限，如有的非物质文化遗产既属于节庆民俗，其中也有音乐、舞蹈等元素；有的类别也存在重叠的现象，如有的非物质文化遗产既属于传统口头文学，其中也伴有传统技艺；等等。

三、非遗传统技艺欣赏

我国《国家级非物质文化遗产代表性项目名录》十大类别分别为：民间文学，传统音乐，传统舞蹈，传统戏剧，曲艺，传统体育、游艺与杂技，传统美术，传统技艺，传统医药，民俗。

（一）古琴艺术

古琴（见图 8–2）又称瑶琴、玉琴、七弦琴，是中国传统拨弦乐器，至今已有 3 000 多年的历史。在“高山流水遇知音”这个千古传颂的典故里，俞伯牙善于演奏、钟子期长于倾听的就是古琴。古琴艺术不仅是一种演奏的艺术，更是一种身份的象征，与中国文人有着密不可分的联系，正所谓“琴、棋、书、画”，琴为首。

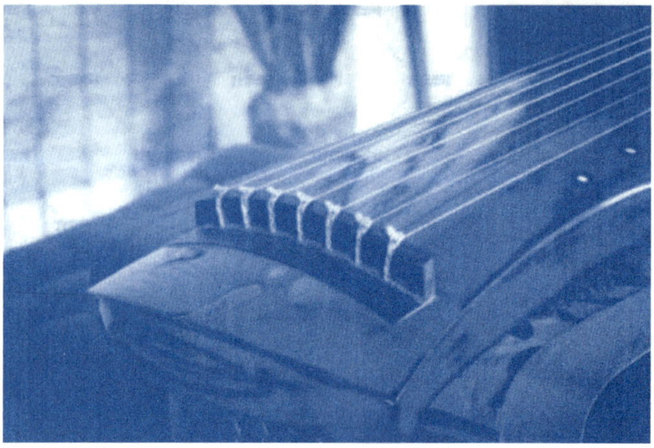

图 8–2　古琴

古琴的琴身依照人身凤形而制，即有“头、颈、肩、腰、尾、足”。古琴由琴面、琴弦、琴徽、岳山、蝇头、琴底、龙池、凤沼、雁足、轸子、轸池、护轸等部分组成，有七根弦、十三个徽，通过十种不同的拨弦方式，可演奏出四个八度，虽然演奏方式精妙，但基本技巧只有三种：散、按、泛。古琴谱最早是文字谱，后发展成减字谱。古琴的外形、抚琴的方式都与中国传统的天地观、五行之道相合，反映了古人追求天人合一的境界。

（二）中国篆刻

中国篆刻以石为材料，以刻刀为工具，以汉字为表象，既注重中国书法的艺术性，又结合了篆刻艺术中独特的表达方式，在方寸之间展现技术、抒发情感。

在篆刻中，有冲刀法和切刀法两种基本刀法，还有埋刀法、涩刀法、舞刀法等二十余种辅助刀法。手起刀落间，无不展现了篆刻人高超的技艺。图 8–3 为“为人民服务”的篆刻作品示例。

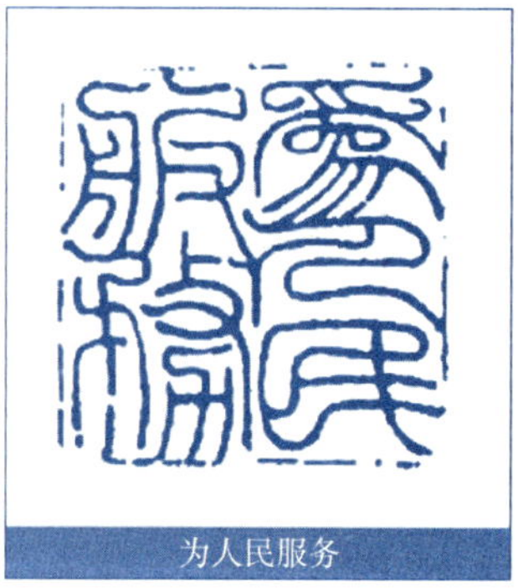

图 8–3　篆刻作品示例

（三）中国雕版印刷技艺

中国雕版印刷术距今已有 1 300 多年的历史，是印刷史上的“活化石”，开创了人类复印技术的先河，比大家所熟知的中国古代四大发明之一的“活字印刷术”还要早 400 多年。在雕版印刷术发明以前，人们复制书籍都靠手抄，费时又费力。直到隋唐时期，人们在印章的基础上，改进了木版，雕版印刷术（见图 8–4）就出现了。雕版印刷术由写样、选版、雕刻、印刷、装帧等几个步骤组成，每个步骤都十分考验功力，非常讲究。

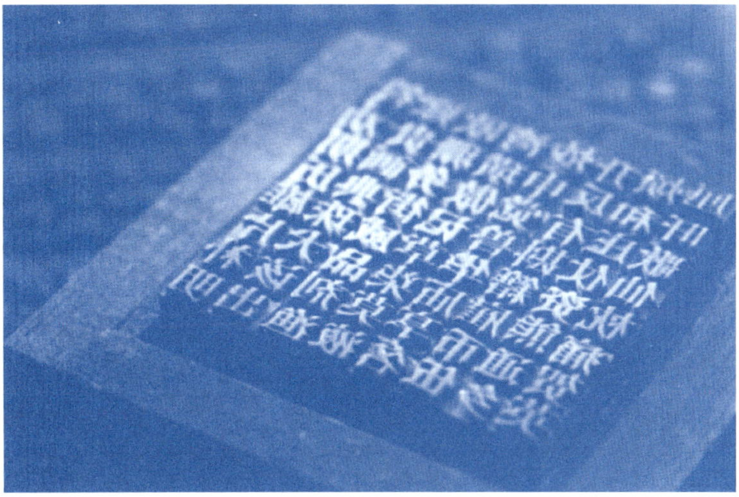

图 8–4　雕版印刷术

（四）中国书法

中国书法博大精深，它让文字不仅承载了交流信息的功能，还富有极高的审美价值和艺术价值。它是以笔、墨、纸、砚等为主要的工具材料，通过汉字书写，在完成信息交流实用功能的同时，以特有的造型符号和笔墨韵律，融入人们对自然、社会、生命的思考，从而表现出中国人特有的思维方式、人格精神与性情志趣的一种艺术实践。汉字是世界上最古老的四大文字之一。中国书法就随着汉字的演变而逐渐发展，几千年来，经历了甲骨文、金文、大篆（籀文）、小篆、隶（八分）、草书、行书、真书（楷书）等阶段。现在，汉字已成为中国文化的代表性符号，成为世界文化宝库中的一颗璀璨明珠。图 8–5 是《炎黄赋》书法作品示例。

图 8–5　《炎黄赋》书法作品

延伸阅读

兰亭集序

《兰亭集序》是“书圣”王羲之在浙江绍兴兰渚山下以文会友时写就的“天下第一行书”，也称《兰亭序》《临河序》《禊帖》《三月三日兰亭诗序》等。

东晋永和九年（353 年）三月初三，时任会稽内史的王羲之与友人谢安、孙绰等四十一人在会稽山阴的兰亭雅集，饮酒赋诗。王羲之将这些诗赋辑成一集，并作序一篇，记述流觞曲水一事，并抒写由此而引发的内心感慨。这篇序就是《兰亭集序》。

唐太宗对王羲之推崇备至，曾亲撰《晋书》中的《王羲之传论》，推崇其书法作品为“尽善尽美”，还将临摹本分赐贵戚近臣，并以真迹殉葬。

（五）中国剪纸

中国剪纸是一种用剪刀或刻刀在纸上剪刻花纹，用于装点生活或配合其他民俗活动的民间艺术。中国剪纸起源于公元 6 世纪。从《木兰辞》中“对镜帖花黄”的诗句可以看出，剪纸在南北朝时期就已被人们用在日常生活中。这门古老的艺术在民间有着强大的生命力，一直传承至今，还因地域不同出现了许多流派，如南方派、江浙派、北方派等。

剪纸可以分为单色剪纸、彩色剪纸和立体剪纸三大类。剪纸艺人善于运用吉祥、美好和夸张的图案来制作作品，并在这些作品里寄托对丰衣足食、健康长寿、人丁兴旺、富足安定的生活的追求和向往。剪纸在日常生活中的应用包括在新年时贴的窗花（见图 8-6）、在婚嫁时用的喜花、摆在礼品上的礼花，还有门笺、斗香花、剪纸旗幡等。

图 8-6　剪纸作品

（六）中国传统木结构营造技艺

2009 年，中国传统木结构营造技艺入选《人类非物质文化遗产代表作名录》，项目类别为传统手工艺。中国传统的建筑基本上是以木结构框架为主。在几千年的发展历程中，中国人积累了丰富的经验，使这项技艺越发炉火纯青、巧夺天工。

中国传统木结构营造技艺（见图 8-7）是以木材为主要建筑材料，以榫卯为木构件的主要结合方法，以模数制为尺度规律和加工生产手段的建筑营造技术。中国传统木结构营造技艺通过师徒之间言传身教的方式世代相传。这种营造技艺传承了数千年，并传播到日本、韩国等东亚国家，是东方古代建筑技术的代表之一。

图 8-7　中国传统木结构营造技艺示例

（七）南京云锦织造技艺

南京云锦（见图 8-8）因成品灿若云霞、美不胜收而得名，集历代织锦工艺之大成，至今已经有 1 600 多年的历史。在元、明、清三朝，云锦都被定为御用贡品和馈赠外国使臣的礼品。云锦的配色多达 18 种，使用的材料主要是金丝、银丝、铜丝、蚕丝、绢丝及鸟兽的羽毛等，因此织就的图案格外富丽堂皇、雍容华贵、明艳绚丽。它的一大特色是“夹金织银”，即以真丝线、真金丝、真银丝作为原料。“织金”“库锦”“库缎”“妆花”是其四大品种。南京云锦的制作工艺复杂、工序多，主要有纹样设计、挑花结本、原料准备、造机和织造等几个步骤。

图 8-8　南京云锦

（八）热贡艺术

热贡艺术（见图 8-9）主要是指唐卡、壁画、堆绣、雕塑等佛教造型艺术。发端于 13 世纪的热贡艺术，主要分布在青海省黄南藏族自治州同仁市隆务河流域的吴屯、年都乎、郭麻日、尕沙日等村落，其内容以佛本生故事、历史人物和神话传说等为主。热贡艺术具有浓郁的宗教色彩和鲜明的地域特色，承载着热贡文化的历史发展脉络，是相关社区广大民众生产生活的重要组成部分。

图 8-9 热贡艺术

（九）中国蚕桑丝织技艺

中国是世界上最早养蚕和制造丝绸的国家。相传在古代，黄帝的妻子嫘祖发明了养蚕之术。从西汉开始，中国的丝绸就被运往欧洲，开启了东西方的商贸交流，这条路后来也被称为“丝绸之路”。从那时起，丝绸不仅代表美丽的服饰，更成为东方灿烂文明的象征。

蚕桑农在日常生活劳作中逐渐摸索并形成了一套完整的蚕桑丝织技艺（见图 8-10），其中包括桑叶的种植和采摘、蚕的饲养、蚕具制作、烘茧技艺、缫丝技艺、剥丝绵手工技艺以及相关的知识等，因此这一非物质文化遗产包括栽桑、养蚕、缫丝、染色和丝织等整个过程的生产技艺，其间所用到的各种巧妙精致的工具和织机，以及由此生产出来的绚丽多彩的绫绢、纱罗、织锦和缂丝等丝绸产品，还包括这一过程中衍生出来的相关民俗活动。

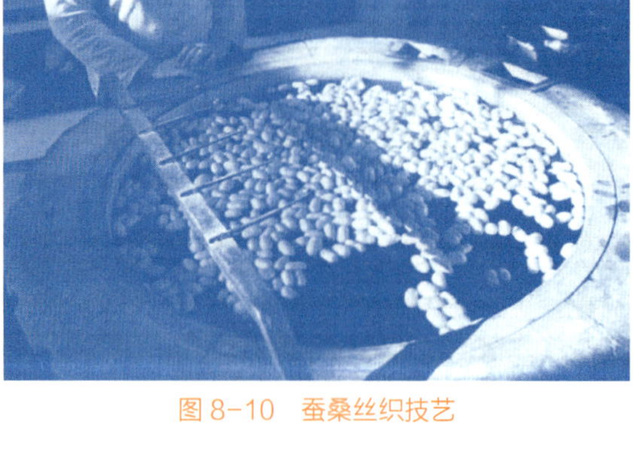

图 8-10 蚕桑丝织技艺

（十）龙泉青瓷传统烧制技艺

龙泉青瓷传统烧制技艺至今已有 1 700 余年的历史，主要是以龙泉一带的瓷土、紫金土、石灰石和石英等为原料，采用手工拉坯成型技术和家传配方，用窑炉高温烧制的一种技艺。龙泉青瓷分为“哥窑”和“弟窑”：“哥窑”是宋代五大名窑之一，以瑰丽、古朴的纹片作为装饰，釉层饱满，古朴端庄，其青瓷釉面的裂纹是自然形成的，因此作品更显质朴典雅、古色古香；“弟窑”胎白釉青，釉色以粉青、梅子青为最，釉层丰润、富有光泽、胜似翡翠（见图 8–11）。

图 8–11　龙泉青瓷作品

（十一）羌年

羌年是集祭祀、歌唱、舞蹈、技巧表演、知识传授、服饰、羌餐于一体的古老而独特的传统节日，相传于先秦时已形成，源自羌族，现流行于四川省汶川县、理县、茂县、北川羌族自治县等 20 多个乡镇的羌族聚居地，是羌族人民庆祝丰收、祈福祝福、传承传统文化的重要节庆。羌年的日期是农历十月初一，由古羌人太阳十月历和羌族“释比”的铁板算共同推演而来，一般为 3 ～ 5 天，有的村寨要持续到十月初十。羌年仪式过程主要包括“还愿敬神”和“筵席”两个阶段（见图 8–12）。

图 8–12　羌年仪式中的喝咂酒

（十二）格萨（斯）尔

《格萨（斯）尔》史诗也称《格萨尔王传》，是关于藏族古代英雄格萨尔神圣业绩的宏大叙事。史诗讲述了格萨尔王为救护生灵而投身下界，率领人民降妖伏魔、抑强扶弱、安置三界、完成人间使命，最后返回天国的故事。

《格萨（斯）尔》主要以口耳相传的形式流传，全篇 100 多万诗行，共计 2 000 余万字，是世界上最长的一部史诗，而且其长度和体量随时间的流逝和发掘整理工作的推进还在逐渐丰富和增长，因而被称为“活态的英雄史诗”。

史诗全面反映了藏族以及其他相关民族关于自然万物的经验和知识，成为藏族等民族民众共享的精神财富，至今仍是藏族等民族历史记忆和文化认同的重要依据。

（十三）蜀绣

蜀绣又称川绣，与苏绣、湘绣、粤绣齐名，为中国四大名绣之一，在巴蜀地区传承至今，最早可追溯到 3 000 多年前的古蜀时期。2006 年，蜀绣入选第一批《国家级非物质文化遗产代表性项目名录》。

蜀绣技艺以针法见长，共有 12 大类、122 种，常用的针法有晕针、柝木针、铺针、滚针、截针、掺针、沙针、盖针等。各种针法交错使用，施针严谨，用线工整，设色典雅，既长于刺绣花、鸟、虫、鱼等细腻而生动的图像，又善于表现山水磅礴的气势。受地理环境、风俗习惯、地方文化艺术等因素的影响，蜀绣在长期不断的发展过程中逐渐形成了严谨细腻、光亮平整、构图疏朗、浑厚圆润、色彩明快的独特风格。

四、大学生与非遗技艺

非遗中蕴含的天人合一、道法自然的哲学思想，包含的勤劳智慧、创新创造的美好品质，承载的丰富多样、巧夺天工的工艺技术，为大学生劳动教育提供了取之不尽的内容和活泼生动的素材。劳动教育中包含的非遗内容，能够让大学生在感受与体验中，深入理解中华优秀传统文化的博大精深，让非遗技艺“代代相传”。

延伸阅读

水拓团扇承非遗 赠送清凉献爱心

“国潮”热兴起，“非遗”风吹来，五一劳动节里，浙江经贸职业技术学院数智财金学院组织了一场“水拓团扇承非遗赠送清凉献爱心”活动，让学生“悦”享劳动，发扬劳动精神，展现青春风采（见图 8-13）。

水拓，是一项具有千年历史的非遗技艺。制作水拓团扇的活动一经推出，便吸引了同学们的参与。活动还邀请了留学生参加，让他们共同感受中国传统非遗的魅力。在活动中，同学们身着汉服、头戴珠钗步摇，将调配好的颜料液倒入装水的画盆中，借用工具勾勒出花纹或纹理，再将团扇平铺于满是颜料的画盆里，轻轻浸入、慢慢拿出，手起扇落间，一件纹理独特、色彩梦幻的艺术品便制作完成了。水拓团扇不仅极具审美意义和实用价值，而且制作的过程也是一次难得的身心疗愈之旅。

活动结束后，学生们自发地将精心制作的水拓团扇送给了在节假日依旧坚守岗位的宿管阿姨、清洁工、保安等，为他们在劳动之余送去一抹清凉，向护航学校、美化城市、保障安全的劳动者们致以崇高敬意。留学生们还特别录制视频为劳动者送上节日祝福。

此外，学院还组织了“爆改阿姨 展现风采”“收集手印 见证辛勤”“劳动体验 学习技能”等活动，在激发大家的劳动热情和创新创造活力的同时，也加强了中外学生之间的沟通和交流，提升了青年群体对中华优秀传统文化的认同感和自豪感，培育了时代新风新貌，让劳动最光荣、劳动最崇高、劳动最伟大、劳动最美丽的理念蔚然成风。

图 8-13 水拓团扇作品

项目八任务二
知识测验

班级______ 姓名______ 学号______

任务实施

本任务的实施可以通过实地调研开展。随着时代的变迁、市场经济大潮的冲击和生产生活方式的转变，许多非遗传统技艺濒临失传，然而这些传统技艺都是民族文化的瑰宝，其珍贵性不言而喻。最好的传承就是让更多的人知道。请你当一回非遗传统技艺的宣传使者：首先在网上搜一搜自己感兴趣的非遗传统技艺，然后实地访一访这项技艺的传承人，用镜头记录技艺展示的全过程，并将自己内心的感受梳理成文。建议在搜索非遗传统技艺的时候聚焦本地区的非物质文化遗产代表性项目，方便后期走访工作的开展。

任务名称	探秘非遗传统技艺		
任务目的	亲身体验和学习我国宝贵的非物质文化遗产，增强对传统文化的认知与兴趣，促进文化自信与个人综合素质的提升。		
任务步骤	1. 前期准备：第一，确定目标，组建团队，明确分工（如记录员、摄影师、访谈者等）；第二，收集资料，提前了解目标项目的历史背景、制作工艺及匠人的基本信息，准备访谈问题；第三，联系匠人，通过非遗保护机构、当地政府或社交媒体等渠道，与匠人取得联系，说明探访目的和计划，征得同意；第四，制定行程，根据匠人的时间安排和地理位置，规划探访路线和日程安排，确保活动顺利进行。 2. 实地探访：第一，按照约定时间到达匠人工作室或制作现场；第二，仔细观察匠人制作非遗作品的过程，记录细节，感受匠人精神；第三，围绕非遗项目的历史、传承、创新等方面，与匠人进行深入交流，了解他们的心路历程和技艺传承的困境与希望；第四，互动体验，在匠人允许的情况下，尝试亲手制作非遗作品的一部分，体验传统技艺的魅力。 3. 资料整理：第一，整理探访过程中拍摄的照片、视频、访谈记录等资料，制作成图文、视频等形式；第二，通过各种渠道分享探访成果，扩大非遗的影响力，吸引更多人关注非遗保护。		
任务材料	手机或相机		
组员			
活动过程			
收获与反思			

项目九 探寻农耕文明：农耕文化和现代智慧农耕

知识目标

1. 了解家乡农耕习俗与文化，珍视祖国的优良传统
2. 掌握农耕的基本过程所需要的相关知识
3. 了解农耕文化及其发展的基本地理常识
4. 理解人与自然、环境的相互依存关系
5. 了解人类共同面临的人口、资源和环境等问题

技能目标

1. 初步掌握收集、整理和运用信息的能力
2. 能够选用恰当的工具和方法分析、说明问题
3. 掌握基本的农耕劳动技能

素质目标

1. 能够建立关爱自然的情感，逐步形成保护生态环境的意识
2. 能够养成珍爱生命、热爱生活、勤劳朴素的态度
3. 能够增强中华民族的传统文化归属感和自豪感
4. 能够养成良好的生活习惯与劳动习惯

任务一　农耕文化

任务导引

★ 5 000 多年农耕底蕴化为前行底气 ★

2019 年 7 月 6 日，联合国教科文组织正式宣布将良渚古城遗址列入《世界文化遗产名录》。这是我国第 55 个世界遗产，也标志着我国 5 000 多年的农耕文明获得了国际社会的一致认同。良渚古城遗址位于浙江省杭州市余杭区，余杭区有着历史悠久的农耕文化。5 000 多年前，良渚先民就在这片土地上发展出发达的稻作农业，数千年农耕文化在余杭大地赓续传承、绵延不绝。如今，作为全省“双创”高地和数字经济大区，余杭区用科技赋能“三农”，通过对农耕文化的传承与创新，成为杭州市“米袋子”和“菜篮子”主要基地之一。

坚持“兴产业”：扭住乡村振兴“牛鼻子”

2003 年，余杭区夏家桥村和周边 4 个村合并为花园村。花园村积极组建专业合作社，以销售大户为龙头、以全村农户为基础、以苗木品牌为依托，开创“公司 + 专业合作社 + 基地 + 农户”的经营模式，使当地的苗木产业得到进一步升级，成为远近闻名的苗木基地。当年合并时，村民年人均收入不到 6 000 元。2022 年，村经济总收入达 793.3 万元，村民年人均收入达 61 663 元，较 2003 年分别增长 44.1 倍、11.5 倍。

过去 20 多年间，余杭区通过开发农业多种功能、挖掘乡村多元价值，不断加强农村基层党组织建设，持续提升城乡融合发展水平，加快推进基层治理现代化。到 2022 年底，全区村集体经营性总收入达 9.4 亿元，村均达 660 万元，农村居民人均可支配收入突破 5 万元，居杭州市首位，城乡居民收入比缩小至 1.55 ∶ 1，近两年在全省共同富裕示范区考核中蝉联优秀。

坚持“重文化”：激活乡村振兴“根和魂”

20 多年前，径山村还是个贫困村，村民们感慨：“我们有千年古刹径山万寿禅寺，有浙江十大名茶之一的径山茶。守着两张‘金名片’，游客来了却留不住。”穷则思变，位于径山茶核心产区的径山村以“千万工程”为牵引，依托村里 3 000 余亩茶园，推进农文旅融合发展，发展集种茶、制茶、卖茶、茶旅游于一体的大产业，成功打造出江南“禅茶第一村”。2021 年，村里游客量超 220 万人次，上榜全国乡村特色产业产值超亿元村，村民年人均收入达到 5.2 万元。拥有国家地理标志保护产品和中国驰名商标等“国字号”荣誉的径山茶，又获得了一个世界级的荣誉——起源于宋代径山寺的“径山茶宴”入选联合国教科文组织《人类非物质文化遗产代表作名录》，径山茶品牌价值达到31.65亿元。如今，禅茶一味的径山茶已经成为文化旅游的“金名片”、乡村振兴的“金钥匙”、实现共富的“金叶子”。

坚持“强组织”：夯实乡村振兴“基础桩”

余杭区小古城村党委班子积极探索，把村里项目建设、土地流转以及砍树贩树等事项摆上桌面，大家一起议、一起想办法。坚持以“议什么、谁来议、怎么议、议的效力”“四议”明方向，以“群众提、支部审、网格议、代表决、专人督、群众评”“六步”明举措，形成了一套党建引领基层民主协商的实践经验。在坚定不移深化“八八战略”创新实践的新征程上，余杭区将把抓好“三农”工作作为筑牢全面实现高质量发展底盘的基本保证、拓展现代化发展空间的广阔天地、决定共同富裕示范区建设成色的关键板块，努力把人居环境先发优势转化为领先胜势、把农耕文明厚重底蕴转化为自信底气、把乡村治理点上场景转化为面上风景，奋力交出新时代“三农”工作高分答卷。

任务描述

奋斗是通往人类美好未来的阶梯。中国先民在漫长的农耕时代所开展的农业劳动，无不体现着对劳动美、奋斗美的追求。这样一种奋斗之美集中体现在农具、田园诗、农谚、民俗节、地方庙会、戏剧等农耕文化的各项载体中。仅从诗歌来看，“坎坎伐檀兮，置之河之干兮”，展现的是古代热火朝天的伐木劳动；“锄禾日当午，汗滴禾下土”，刻画的是唐代农民在烈日下锄禾而汗流不止的场景；“昼出耘田夜绩麻，村庄儿女各当家”，描述的是宋代农村劳动人民夏日的奔忙。古时的许多农耕劳动场景在今天尽管已经不复出现，但是，我们仍然可以从漫卷的诗书中，从农耕文化的各种载体中去追溯古人的劳动生活，感悟劳动的奋斗之美。那么，什么是农耕劳动？农耕劳动中值得继承和创新的基本要素有哪些？通过本任务的学习，我们可以得到答案。

本任务的具体要求如下：（1）了解农耕文化的特点；（2）了解农耕文化的主要内容；（3）了解农耕文化的起源与发展；（4）了解农耕文化的现实意义；（5）举例说明你的家乡的农耕文化。

任务知识

中国是拥有5 000多年文明史的农业大国。中国的农业耕作方式和农耕文化，在世界上具有较强的代表性和影响力。追溯中国农耕文化的起源，“男耕女织”之说妇孺皆知。作为中国传统农耕文化的价值表现形式，它不仅是早期农耕生活的真实写照，而且是农耕文化形成的基础。当前，一方面，一部分传统农耕方式正在逐步消失，需要进行抢救性记录；另一方面，从原始的手工操作到机械化、工厂化的现代农耕方式，这些通常在跨越几个世纪的历史进程中梯次出现的农业生产方式，在21世纪的中国大地上同时出现，异彩纷呈。总结、挖掘和研究这种现象，具有重要的农学、社会学和发展经济学价值。

《中共中央国务院关于实施乡村振兴战略的意见》（2018年中央一号文件）指出：我国“有历史悠久的农耕文明”，要“切实保护好优秀农耕文化遗产，推动优秀农耕文化遗产合理适度利用。深入挖掘农耕文化蕴含的优秀思想观念、人文精神、道德规范，充分发挥其在凝聚人心、教化群众、淳化民风中的重要作用”。

一、农耕文化的起源与发展

农耕文化是指由农民在长期农业生产中形成的一种适应农业生产、生活需要的国家制度、礼俗制度、文化教育等的文化集合。农耕文化融儒家文化等各类文化为一体，形成了自己独特的文化内容和特征，其主体包括国家管理理念、人际交往理念，以及语言、戏剧、民歌、风俗和各类祭祀活动等，是世界上存在最为广泛的文化集成。

（一）农耕文化的起源

发现于湖北省京山市屈家岭村的屈家岭文化遗址，是屈家岭文化的发现地和命名地，是我国长江中游地区发现最早且最具代表性的新石器时代大型聚落遗址，距今4 600～5 300年。屈家岭遗址还是长江中游地区史前稻作遗存的首次发现地，是中国农耕文化的发祥地之一，其农耕文化内涵极为丰富，被列入我国首批100处大遗址保护项目，是我国20世纪100项考古大发现之一，1988年被国务院定为全国重点文物保护单位。

（二）农耕文化的沉淀和形成

农业最早是在中原地区兴起的。中原农耕文化包含众多特色耕作技术、科学发明。裴李岗遗址出土了不少农业生产工具，为早期农耕文化的发展情况提供了实物证据。其中，琢磨精制的石磨盘棒，是我国所发现的最早的粮食加工工具。“三皇”之首的伏羲教人们“作网”，开启了渔猎经济时代；炎帝号“神农氏”，教人们播种收获，开创了农业时代。

（三）农耕文化的飞跃发展

大禹采用疏导的办法治水，推进了我国水利事业的发展，也促进了数学、测绘、交通等相关技术的进步。战国时期，由郑国主持兴建的郑国渠，极大地改善了关中地区的农业生产条件，促进了我国古代农业水平的提高。

可以说，农耕文化决定了中国文化的特征。聚族而居、精耕细作的农业文明孕育了自给自足的生活方式、文化传统、农政思想、乡村管理制度等，与今天提倡的和谐、环保、低碳的理念不谋而合。

二、农耕文化的主要内容

农耕文化作为人类文明的重要基石，承载着深厚的历史底蕴与丰富的文化内涵。它不仅是关于土地与作物的故事，更是人类智慧、生活方式与精神追求的集中体现。在农耕文化的广阔图景中，耕作、耕读、耕食三个方面构成了其核心要素，共同绘制出一幅幅生动的田园画卷。

（一）耕作文化

耕作文化是农耕文化的基础，它体现了农民在农业生产中的智慧和实践。

耕作是大地的诗篇，关乎人类的生存与繁衍。在古老的田野上，先民们用简陋的工具开垦荒地，播撒希望的种子。“春种一粒粟，秋收万颗子”，四季轮回中，农人们遵循着自然的节奏，辛勤耕耘，用汗水浇灌出丰收的喜悦。耕作不仅是对土地的敬畏与依赖，更是一种与自然和谐共生的智慧。在长期的实践中，农人们积累了丰富的农耕经验，如轮作、套种、施肥、灌溉等。这些技术不仅提高了农作物的产量，也促进了生态系统的平衡与稳定。

在中国，耕作文化源远流长，河姆渡遗址出土的谷物化石，表明当时人们已经开始从事农耕活动。随着时间的推移，农耕技术不断发展，农人们通过实践和总结，形成了丰富的耕作经验和文化传统。这些经验和传统包括对土地的敬畏和珍惜、对农作物的精心培育、对农时的准确把握等。同时，耕作文化也体现了农人们对自然的依赖和顺应。他们通过观察天象、物候等自然现象，来安排农事活动，实现了人与自然的和谐共处。

（二）耕读文化

耕读文化是农耕文化中精神层面的体现，它将耕作与读书相结合，形成了独特的文化传统。对耕读关系的认识可追溯到春秋战国时期，宗旨是耕读传家。在农耕社会，读书人被视为有学问、有品德的人，而耕作则是农民的本职工作。然而，一些有识之士认为，读书与耕作并不矛盾，反而可以相互促进。

耕读是心灵的滋养。耕读，是农耕文化中独特的文化现象，它将劳动与读书紧密结合，体现了古代士人“出仕”与“归隐”的双重理想。在田间地头，农人们不仅辛勤劳作，还在劳作之余，手捧书卷，以耕读为乐。耕读生活，既是对物质生活的满足，又是对精神世界的滋养。在耕读过程中，人们不仅学习农业知识，而且接受儒家文化的熏陶，培养了勤劳、节俭、诚信、尊老爱幼等传统美德。耕读文化，成为连接古代士人与农民、城市与乡村的文化纽带，促进了文化的交流与融合。

耕读文化强调的是“学以致用”，即通过学习来提高自己的耕作技能和文化素养，从而更好地服务于农业生产和社会生活。这种文化传统孕育了众多的农学家和知识分子，他们通过实践和总结，写出了大量的农书等著作，为农业生产的发展做出了重要贡献。此外，耕读文化也影响了文学艺术的发展。许多文学家和诗人通过描绘田园生活和农民的形象，来表达自己对农耕文化的热爱和向往。

（三）耕食文化

耕食文化是农耕文化的重要组成部分，它涉及农民在农业生产中的饮食习俗和文化传统。农耕生产与气候条件息息相关，而雨热同期是我国非常优越的气候资源，十分适宜农作物生长，是农耕文化得以诞生的重要条件。因此，我国的农耕区形成了丰富多样的农作物种类和饮食文化。

耕食是味蕾的记忆。耕食，是农耕文化中不可或缺的一部分，它关乎着人们的饮食习惯与生活方式。在农耕社会中，食物主要来源于自家农田的产出，因此，农民格外珍惜每一粒粮食，形成了节俭、朴素的饮食风尚。同时，农耕文化中的饮食，也讲究时令与地域特色，如春天的野菜、夏天的西瓜、秋天的稻谷、冬天的白菜，都承载着季节的味道与乡愁的记忆。在农耕文化的熏陶下，人们不仅追求食物的美味，而且注重食物的营养与健康，形成了独特的饮食文化与养生之道。

在农耕社会，人们的食物主要来源于自己耕种的土地，因此饮食习俗与农业生产紧密相连。农民会根据季节和农作物的生长情况，来安排自己的饮食。例如，在春季，他们会采摘新鲜的蔬菜和水果；在秋季，他们会收获粮食和果实。这种饮食习俗不仅体现了农民对自然的依赖和顺应，也体现了他们对生活的热爱和追求。

三、农耕文化的现实意义

农耕活动对中华文化的形成、发展和延续具有至关重要的作用。在绵延不断的历史长河中，人们植五谷、饲六畜，农桑并举、耕织结合，形成了渔樵耕读、富国强民的优良传统，创造了上下五千年灿烂辉煌的中华文化，为中华民族的发展壮大奠定了万代基业。例如：商代的协田耕作方式、汉代的耕作发明——二牛抬杠、魏晋的旱地耕作模式——耕耙耱、唐宋的水田耕作典范——耕耙耖，以及明清的生态农业——农、桑、牧、渔等，不仅揭示出中华民族在作物育种和耕作方面为人类做出的特殊贡献，而且为文化事业的繁荣发展夯实了基础。事实表明，农业是社会进步的阶梯，农业生产的不断发展促进了整个社会的进步，农业与文化之间存在天然的血缘联系，农业在发展过程中孕育和产生了文化，文化发展反过来又推动了农业的进步。没有农业，文化就是无源之水、无本之木。

（一）农耕文化对人类文明的贡献

农耕文化门类众多，包括古代农学思想、精耕细作传统、农业技术文化、农业生产民俗、治水文化、物候与节气文化、节庆文化、农业生态文化、农产品加工文化、茶文化、渔文化、蚕桑文化、畜牧文化、饮食文化、酿酒文化、服饰文化、民间艺术、农民艺术、农业文化遗产、涉农诗词歌赋等。作为一种生产方式、思想理念、价值观念、道德意识和思维方式，农耕文化本身也是传统文化的重要组成部分。梳理几千年的农耕历程，我们不难发现，中国传统农业对人类文明的贡献突出地表现在五个方面：一是生产工具的发明与传承；二是农作物的育种；三是物候节气的利用；四是水的治理与利用；五是先进理念与实践技术的发明创造。现代农业的发展要素和动力，一靠政策，二靠科技，三靠投入，除此之外，经验是一个重要因素。经验也就是农业历史上几千年来积累的成果做法，如各种农田水利基础设施建设、精耕细作的农业生产技术与制度、以虫治虫的生物防治方式、稻田养鱼养鸭的绿色生态农业、桑基果基鱼塘的环保循环种养法、农业旱作梯田耕作法，以及民间农谚俗语等，至今仍然具有实用价值。

（二）中华优秀传统文化对农耕文化的影响和继承

农耕文化中带有意识形态的东西，从精神文明、政治价值等形而上的角度来分析、汲取和借鉴，同样具有重要的现实意义。农耕文化作为中华文化的重要根基，对传统文化的形成以及民族性格的塑造，发挥了重要作用。从思想观念方面来看，农耕文化所蕴含的思想精华和文化品格都是十分优秀的，如长期孕育而生的团结统

一、独立自主、爱好和平、自强不息、集体至上、尊老爱幼、勤劳勇敢、吃苦耐劳、艰苦奋斗、节俭谦逊、邻里相帮等核心价值理念，影响广泛而深远。

四、农耕文化和农耕劳动的辩证关系

中国是世界农耕起源的中心之一。正确理解农耕文化与农耕劳动的关系，对拓宽中国农耕文化和农耕劳动的交叉研究具有重要意义。

（一）农耕劳动为农耕文化的萌芽提供了基本素材

在农耕社会里，人们非农耕而不能生活。农耕劳动产生于农业生产和生活的需要，成长于征服自然和改造自然的实践，丰富于充满原始自然崇拜的农耕活动。春耕、夏耘、秋收、冬藏，日出而作、日落而息的农耕生活周而复始。但是在原始社会的很多地方还没有形成聚居，人们往往三五成群地结伴生活，因此萌芽时期的农耕劳动因为参与人数太少，只是在边缘处缓慢发展。随着对天文气象的不断探索，人们慢慢了解了气候与农业的关系；随着在生产劳动中对生产工具的改进以及对水利和灌溉设施的建设，人们基本掌握了农业生产的规律并且急需大量的人力来从事人工作业。同时，谷物供给的稳定也是当时促使大量人口聚居的根本因素。在这个大条件的催化下，大量人口开始迁移、聚居，人类历史上第一次出现了可以叫作村落的定居地。

在农耕社会的聚居地种植谷物的生活不仅使中华民族很早就创造出稳定的社会生产方式，也使中国人很早创造出基于血缘、地缘纽带的交往生活的社会组织形式，获得了丰富的组织社会生活的经验。众多的劳动者一起劳作时，为了增强劳动气氛，鼓舞劳动热情，整齐划一的劳动动作可减轻劳动带来的疲劳，并使之娱乐化。农耕劳动从产生时起，其内容就已具有显著的娱乐化特色，其形式就被升华为具有美感的精神文化活动了。农耕劳动已经成为一种集体性的社会活动，能够为人们在紧张劳作之余提供休闲的机会和场所，满足人们日趋强烈的思想、情感、信息交流的需要。人们可以通过举办形式多样的农耕劳动来密切村落里人与人之间、家族与家族之间的关系，从而实现空前的团结。

（二）农耕文化为农耕劳动提供了动力支持

农耕民族具有古老的传统和繁杂的农耕礼俗，这些都来自当时的人的“集体无意识”，他们有着本能的对自己所在群体的归属意识和感情依附，并且在生活习俗中进行强化。由于在农耕社会物质条件相对单一，群体成员的归属感和共同目标相对一致，他们既有自己的生存空间和与之有关的传统，又有怀旧母题及认同符号系统。这些传统符号不断强化着群体成员的归属意识与文化认同。但是，群体认同不是一个故步自封的代名词，它是一个动态的融合过程，是在各个群体相互交流和互动时产生的思想火花，在保留本群体文化独特性的同时，也向着文化多元化方向发展。群体之间一种剪不断、理还乱的互动关系维系着各个群体文化的传承。群体认同对于农耕劳动文化的发展起着承上启下的作用。

项目九任务一
知识测验

班级________ 姓名________ 学号________

任务实施

本任务的实施可以通过网络信息检索、实地调研等途径开展，调研的内容围绕任务描述中的相关问题展开，具体包括你家乡的或者我国江浙一带的农耕文化的含义、特点、分类等。

<table>
<tr><th>序号</th><th>主题</th><th colspan="4">自我认知</th></tr>
<tr><td>1</td><td>农耕的含义</td><td colspan="4"></td></tr>
<tr><td>2</td><td>农耕劳动的意义</td><td colspan="4"></td></tr>
<tr><td rowspan="2">3</td><td rowspan="2">农耕劳动的特色</td><td colspan="2">我国江浙一带</td><td colspan="2">你的家乡</td></tr>
<tr><td colspan="2"></td><td colspan="2"></td></tr>
<tr><td rowspan="2">4</td><td rowspan="2">身边的农耕</td><td>名称</td><td>所属地区</td><td>基本情况</td><td>表现形式</td></tr>
<tr><td></td><td></td><td></td><td></td></tr>
</table>

任务二 现代智慧农耕

任务导引

★ 农耕智慧与智慧农耕的交融实践 ★

在江苏省的广袤田野上，农耕智慧与智慧农耕正以前所未有的方式交融，共同绘制出一幅幅现代农业的壮美画卷。这里的农民不仅继承了祖辈流传下来的农耕智慧，更借助现代科技的力量，将智慧农耕推向了新的高度。

农耕智慧在江苏省的农业生产中得到了充分的体现。例如，在小麦种植过程中，农民会根据节气和土壤情况，合理安排播种、灌溉和施肥等农事活动。他们通过观察天象、感知土壤湿度和作物生长状况，精准把握农作物的生长周期和营养需求，确保小麦的高产和优质。这种依靠经验和直觉的农耕方式，正是农耕智慧的生动体现。

然而，随着科技的不断发展，智慧农耕在江苏省逐渐崭露头角。在常熟现代农业产业示范园内，智慧大田机器人成为麦田管理的新帮手。这些机器人搭载了北斗导航系统和多个摄像头，可以自动巡田，监测小麦的长势和病虫害情况。它们将收集到的数据实时传输到云端大脑进行分析处理，为农民提供精准的决策支持。通过智慧大田机器人，农民可以更加科学、高效地管理麦田，提高小麦的产量和品质。

除了智慧大田机器人外，江苏省还广泛应用了无人机、5G 物联网、智能农具等数字化新农具。在春耕备耕期间，无人机在麦田上空低空掠过，均匀地喷洒农药和肥料；5G 物联网设备实时监测农田的土壤墒情、病虫草害等信息；智能农具则帮助农民完成翻耕、播种、植保等农事工作。这些数字化新农具的应用，不仅提高了农业生产效率和质量，还减轻了农民的劳动强度。

在江苏省的智慧农业发展中，农耕智慧与智慧农耕的交融实践还体现在多个方面。例如，在稻田管理中，农民会根据水稻的生长周期和气候条件，合理安排灌溉和施肥等农事活动。同时，他们还利用数字化技术实时监测稻田的水质和土壤状况，确保水稻的健康生长。此外，江苏省还积极探索智慧渔业、智慧畜牧等新型农业业态的发展路径，推动农业产业结构的优化升级。

值得一提的是，江苏省在智慧农业的发展过程中，注重发挥农技人员和基层农户的积极作用。江苏省通过组织培训、现场指导等方式，将先进的农业技术和理念传授给农民。同时，江苏省建立了完善的农业服务体系和农业大数据平台，为农民提供全方位、一站式的农业服务支持。这些举措不仅提高了农民的科技素质和生产能力，还推动了智慧农业的快速发展和普及。

任务描述

农耕乃衣食之源，文明为人类之根。在漫长的历史岁月里，中华民族创造了灿烂的农耕文明，延续至今，经久不衰。从二十四节气到农耕谚语，从天人合一到道法自然，汇聚了农耕文明的千年智慧，最直接地展现了人与土地之间的关联。从农耕智慧到智慧农耕，现代科技对生态文明的诉求日益迫切，现代农业在思想上和精神上仍然承继着农耕智慧的深刻印记。5 000 多年的优秀农耕文化，是中华文明智慧的凝聚，更是世界性的精神财富。

通过本任务的学习，你将能回答:（1）二十四节气中蕴含哪些劳动智慧？（2）二十四节气对现代生活的意义是什么？（3）智慧农耕有哪些具体体现？（4）智慧农耕对传统农耕的传承与现实意义是什么？

任务知识

一、农耕劳动传承文化的主要方式

（一）初级传承——生活实践

大量考古材料说明：亚洲农耕起源大致经历了刀耕、锄耕、犁耕这一渐进发展的过程。农耕文化与人口增长的需要分不开。随着人口的增加，原来的采集经济已经不能满足人们生活的最低需求，人们不得不寻找新的食品，逐渐学会农耕，攫取性经济也逐渐过渡到生产性经济。生产工具和技术的发展促使人类同自然界的关系由被动适应转变为利用与改造环境，农耕应运而生。

（二）终身维护——图腾文化

“图腾”一词源于印第安语“totem”。由于人类社会早期宗教和劳动的相对不可分性，图腾崇拜作为原始社会最早的宗教信仰形式之一，也和史前劳动有着千丝万缕的联系。

图腾崇拜是南方稻作民族农耕文化的一个重要标志。南方水稻的发现、栽培技术的进步衍生出丰富多彩的精神文化。为了祈求风调雨顺、五谷丰登、人畜平安，南方稻作民族从祖先开始就把这种精神寄托在图腾崇拜与祭祀习俗上。牛，在中国是一种具有图腾意义和神性的动物，对于以稻作为主要生存方式的农耕民族有重要的意义，它为中国农耕社会的发展做出了巨大贡献。中国的牛图腾崇拜可以追溯到4 000 多年前的大禹治水，据说大禹每治理好一处水患，就铸造铁牛投入水底，以镇水患。到了唐代，铁牛不再被投入水底，而是在岸上设置。古人认为，终身耕田犁地、开垦荒原的牛，是盗取天庭仓库的谷种下凡间来拯救黎民百姓的，天庭为了惩罚牛，让牛世代受劳作之苦，这也是农耕民族这么喜爱牛的原因之一。现在的耍春牛、掼牛等劳动项目都是由流传数千年的图腾崇拜文化衍生出的农耕劳动项目。

（三）英雄情结——祖先崇拜

母系氏族时代是图腾崇拜最繁盛的时代，然而在进入父系氏族时代以后，图腾的观念开始弱化，祖先崇拜观念逐渐占据主导地位。从社会发展的角度来看，随着原始氏族社会文明的不断发展，图腾观念、图腾崇拜赖以存在的社会形态逐步消失，社会经济由渔猎、畜牧经济向农业经济转变。随着原始农业和动物驯养的发明，原始人由过去单纯依靠获取自然物来生存，逐渐转为可以发挥自己的能力去驯养动物和种植植物，从而在一定程度上改变了靠天吃饭的命运。虽然他们对自然的依赖并未因此而消失，但与以往相比，他们对自然界，尤其是对动物的神秘感和依赖感有所减弱。

炎帝号“神农氏”，是我国农耕文化的开山之师，对当时农民的生产活动以及我国古代文明的创造和发展都起到了至关重要的作用。与此同时，动物神开始向人神过渡，在人神中，首先是对祖先之灵的崇拜，即祖先崇拜。英雄人物的出现使得人们看到了自身的能力，激发了人们征服自然的欲望。相应的，原始人对英雄的崇拜也初见端倪。

二、二十四节气中的农耕智慧

二十四节气是农耕文明的产物。农耕生产与大自然的节律息息相关，是上古先民顺应农时，通过观察天体运行，认知一岁（年）中时候（时令）、气候、物候等变化规律所形成的知识体系。其中，每个节气都表示这“三候”的不同变化。二十四节气不仅在农业生产方面起指导作用，还影响古人的衣食住行，甚至文化观念。在国际气象界，二十四节气被誉为“中国的第五大发明”。2016 年 11 月 30 日，二十四节气被正式列入联合国教科文组织《人类非物质文化遗产代表作名录》。

延伸阅读

二十四节气歌

春雨惊春清谷天，
夏满芒夏暑相连。
秋处露秋寒霜降，
冬雪雪冬小大寒。
每月两节不变更，
最多相差一两天。
上半年来六廿一，
下半年是八廿三。

三、智慧农耕在中国

智慧农耕是现代农业的重要组成部分，正日益得到关注与重视，成为农业现代化发展的必然趋势。智慧农业是一种以技术为主体的农业模式。随着相关科学技术应用的不断发展与完善，从农业种植生产、加工处理、物流运输到电商销售等全生命周期均采用了大数据、物联网、云计算等新型技术，在最大程度上提升了农业生产的效率和稳定性，因而发展智慧农业对促进经济发展具有重要意义。

（一）大数据技术

大数据技术可以为农业提供实时的气象、土壤、作物等信息。利用这些数据分析，人们能够做到远程操控，推动农业的智能化生产，保证生产管理的质量。同时，大数据技术在农产品运输流通及产销预测等方面也发挥了巨大作用。以下为大数据技术的主要应用方面：

其一，加强灾害预警。大数据技术能够对历年来发生的农业灾害数据进行分析，准确总结自然灾害发生规律，及时感知地方的气候变化，对农作物进行灾害预警，帮助农民提前做好应对举措，提高农业的防灾能力。

其二，使农业生产管理科学有效化。大数据技术能够利用大数据采集、处理与分析等功能，对农作物的生长环境展开分析，明确土壤肥力状况、空气的温度与湿度状况等生产条件，并将信息分析结果应用于智能化系统中，准确判断施肥时间、除虫时间等，利用自动化设备施作，使农业生产过程愈加精细化、高效化和科学化，实现智能化的管理目标。

其三，加强病虫害防治能力。大数据技术能够通过应用物联网设备，采集监测点的数据信息，发挥大数据分析技术的优势，对监测点数据进行准确实时分析，及时有效预警，加强对病虫害的防范作用，保护农作物健康、茁壮生长，有效减免经济损失。

其四，对农产品的产销信息进行预测。大数据技术能够对农产品现有产销数据进行分析，结合结果进行科学预测，以调节农产品生产，帮助农民及时了解市场供需发展动态，采取指向性措施，最大程度上避免因市场信息不对称造成的资源浪费与经济损失。

其五，能够建立科学有效的产品质量追溯机制。大数据技术能够对农产品流通的各个环节进行监督，通过构建质量追溯机制，对农产品生产、贮藏、运输等环节，都能实现严格的管理，在农产品的信息追溯、信息查询和信息跟踪等方面发挥了巨大作用，有效保障了农产品的质量安全。

（二）机器自动化技术

机器人自动化技术可以助力农业自动化作业，如自动灌溉、自动植保和自动收割等。此外，也有越来越多的农业机器人开发商引入了 AI 等技术手段来实现更人性化、更精准的自动化农业。

自动灌溉设备是目前应用较广、较为常见的自动化机器设备之一，它通过传感器探测土壤中的水分含量，根据作物需水量的不同及吸水速度的不同，控制灌溉系统进行针对性运作，实施科学、合理、有效的自动化灌溉。该设备不仅能够节约人力成本，还可以确保精准灌溉，避免水资源浪费，大大提高资源利用效率。

植保无人机的喷洒模式，能够有效节约农药使用量和用水量，在最大限度上降低资源成本。此外，人们在应用中发现，植保无人机还具有折旧率低、油耗量较小、便于维护等特点，因此将其投入到智慧农业生产的过程中，能够极大地降低作业成本。在应用效率方面，植保无人机喷洒飞行速度、喷洒装置宽度以及作业宽度等自身特点，使得规模化作业效率比常规喷洒高出许多。更重要的是，自动化飞行的导航作业能够最大化减少操作人员接触农药的时间，从而能够减少农药施作对农民的身体伤害，提高安全系数。

自走式联合收割机与先进的监控技术和传感器技术相融合，对收割机的工作状态进行动态监测，提高了收割作业的工作效率。此外，它通过传感器装置自动识别生物体征，能够避免误伤施作农民，保障收割过程的安全性，有效提高工作质量。

（三）农产品电商平台

农产品电商平台提供了更加便捷的农产品销售渠道。随着智慧物流的迅速发展，包括农产品在内的网上购物已经成为人们生活中必不可少的一部分，农产品电商平台的建设也越发成熟，农村电商在网络的作用下展现出巨大的发展前景。当下，我国农产品交易市场广泛，农业商品品类齐全、特色鲜明，且随着信息环境的日趋完善，人们的网购体验也越来越好，由此可以看出农产品电商服务业务的进步和发展。通过电商平台，销售者可直接将家乡的特产信息提供给全国各地的消费者。此外，农产品电商平台还提供了物流、支付等一系列配套服务，降低了农民的销售成本。

智慧农业的发展离不开资金支持。建设智慧农业的基础设施包括硬件设施和软件技术支持。只有有了充足的资金，才能加快智慧农业的发展。我们要加强农田水利基础设施的建设，在资源整合、合理规划、责任落实与监督等方面逐步实现，按照地方特色建设并展示高标准农田，提高农田的生产力，并将各种农机具更好地运用到农业生产当中去，还可以通过政府引导以获取企业支持，实现企业与农民共赢。与此同时，我们要加强培养、引进高素质人才，加强引导学生树立正确的价值观，坚持将立德树人作为人才培养的主要任务，把“三农”情怀融入学校的德育工作中，培养相关学校学生学农的志向，使学生立志做“懂农业、进农村、爱农民”的新型农业人才。

延伸阅读

绿色乡村 智慧农耕

在翠云村里，有一片被阳光亲吻的肥沃土地，这里的村民可不再像过去那样，面朝黄土背朝天了哦！他们采用了全新的智慧农耕方式，让农田变成了科技的试验田。

首先，他们利用无人机进行空中侦察。这些小巧的飞行器就像是大自然的眼睛，能够清晰地拍摄到每一块土地的细微变化，包括土壤的湿度、作物的生长状态以及病虫害的发生情况。这样一来，村民就能根据实时数据，精准地调整灌溉、施肥和病虫害防治的策略，大大提高了农作物的产量和质量。

然后，他们引入了智能灌溉系统。这些系统能够根据土壤的湿度和作物的需水量，自动调整灌溉的时间和水量，既节约了水资源，又避免了过度灌溉对土壤造成的损害。村民再也不用担心因为天气变化而错过最佳的灌溉时机了。

更神奇的是，他们还采用了物联网技术，将农田里的各种设备连接成一个整体。通过手机或电脑，村民就能随时随地查看农田的实时情况，甚至远程控制设备。这种远程操控的方式，不仅让村民的工作变得更加轻松便捷，还大大提高了农田的管理效率。

当然，智慧农耕的好处远不止这些。它还带来了环保和可持续发展的好处。精准施肥和病虫害防治，减少了农药和化肥的使用量，降低了对环境的污染。同时，智能设备的引入也降低了人力成本，让村民有更多的时间和精力去关注农田的可持续发展问题。这就是智慧农耕的魅力所在！它不仅让农田焕发出新的生机和活力，还让村民的生活变得更加美好和幸福。

项目九任务二
知识测验

任务实施

本任务的实施可以通过网络信息检索、实地调研等途径开展，调研的内容围绕任务描述中的相关问题展开，具体包括农耕节气的基本特色、家乡农耕节气习俗、我国江浙一带农耕劳动工具，并分析其中美学要素的具体体现等。

序号	主题	主要内容	
1	农耕节气的分类依据		
2	农耕谚语		
3	农耕节气的具体表现	节气特点	节气习俗

参考文献

[1] 徐国庆 . 劳动教育 [M].3 版 . 北京：高等教育出版社，2024.

[2] 符成成 . 劳动法与劳动关系管理 [M]. 2 版 . 北京：中国人民大学出版社，2022.

[3] 刘向兵 . 大学生劳动教育通识 [M]. 北京：高等教育出版社，2022.

[4] 李路路，李汉林 . 中国的单位组织：资源、权力与交换 [M]. 北京：生活书店出版有限公司，2019.

[5] 林嘉 . 劳动法和社会保障法 [M]. 4 版 . 北京：中国人民大学出版社，2016.

[6] 程延园 . 劳动关系 [M]. 4 版 . 北京：中国人民大学出版社，2016.

[7] 林勇，曾晓涛 . 劳动社会学 [M]. 北京：科学出版社，2016.